如何突破经营危机

你是一名合格的经营者吗

HOW TO BREAKTHROUGH
MANAGEMENT CRISIS

[日] 大川隆法 著
RYUHO OKAWA
叔于田 / 徐怡静 译

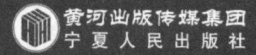

黄河出版传媒集团
宁夏人民出版社

图书在版编目（CIP）数据

如何突破经营危机 /（日）大川隆法著；叔于田，徐怡静译. — 银川：宁夏人民出版社，2017.7
ISBN 978-7-227-06703-0

Ⅰ.①如⋯　Ⅲ.①大⋯②叔⋯③徐⋯　Ⅲ.①商业经营—经验　Ⅳ.①F713

中国版本图书馆CIP数据核字(2017)第175478号

版权贸易合同审核登记宁版合字第2017005号
《危機突破の社長学——一倉定の「厳しさの経営学」入門》
《イノベーション経営の秘訣——ドラッカー経営学の急所》
《「経営成功学の原点」としての松下幸之助の発想》
by Ryuho Okawa　©2017 Ryuho Okawa
All right reserved. No part of this book may be reproduced in any form without the written permission of the publisher.

如何突破经营危机　［日］大川隆法　著　叔于田　徐怡静　译

责任编辑　管世献
封面设计　范嘉雯
责任印制　肖　艳

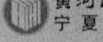

黄河出版传媒集团
宁夏人民出版社　出版发行

出 版 人	王杨宝
地　　址	宁夏银川市北京东路139号出版大厦（750001）
网　　址	http://www.nxpph.com　　http://www.yrpubm.com
网上书店	http://shop126547358.taobao.com　　http://www.hh-book.com
电子信箱	nxrmcbs@126.com　　renminshe@yrpubm.com
邮购电话	0951-5019391　5052104
经　　销	全国新华书店
印刷装订	宁夏凤鸣彩印广告有限公司
印刷委托书号（宁）0005637	

开　　本	889 mm×1194 mm　1/32
印　　张	8　　字数　120千字
版　　次	2017年9月第1版
印　　次	2017年9月第1次印刷
书　　号	ISBN 978-7-227-06703-0
定　　价	42.80元

版权所有　侵权必究

HOW TO
BREAKTHROUGH MANAGEMENT CRISIS

编者按

这本《如何突破经营危机》是作者大川隆法先生三本日文原著的合集。这三本书分别是《危机突破社长学——一仓定的〈严酷经营学〉入门》《德鲁克管理学之精华——创新管理的秘诀》和《松下幸之助的发想——经营成功学的原点》。

一仓定（1918—1999）被称为日本经营咨询界的第一人。他一生指导过的企业数量超过5000家。他的思想比较适用于中小型企业，其著作常被用于企业的员工培训。"经营者应为企业的失败负全责，不得怪罪他人、员工和环境"是他的主要思想，他以对经营者的叱责之严厉而著称。

HOW TO | 如何突破经营危机
BREAKTHROUGH MANAGEMENT CRISIS

彼得·F. 德鲁克（1901—2005）是管理学家。他的著作被誉为"经营学圣经"，据称世界上80%以上的经营理论来自德鲁克，众多企业家依据德鲁克的经营理论创立起大型企业。

松下幸之助（1894—1989）是一手创立了Panasonic（旧称松下电器）产业的著名企业家，被称为"经营之神"。他期望超越企业家的身份，让自己的经营思想广为传播，为社会做出贡献。他创立的"PHP研究所"，出版了许多书籍和杂志来宣讲松下幸之助的经营思想和经营哲学。另外，他创办的"松下政经塾"也是人才辈出，涌现出了许多政治家和企业家，稻盛和夫就是其中一人。

作者精炼了经营学、经营哲学领域的三位巨匠之思想精华，根据自己的观点和经验阐述了如何缔造一个具有"成功体质"的组织、如何扭转经营危机等内容。

衷心祈愿读者朋友们能大展宏图。

HOW TO
BREAKTHROUGH MANAGEMENT CRISIS

前言

拉上人生的帷幕，还被一直称为"经营之神"的人甚少。彼得·F.德鲁克先生及日本的一仓定先生和松下幸之助先生都是这样的存在。特别是在日本，成功经营了企业，还将自己的经营思想和经营哲学推向社会，对社会做出贡献的人，非松下幸之助莫属。

年轻的时候，我曾是一个在商社上班的公司职员。午休时间我常去书店读松下幸之助的书。记得同事靠过来说："他不就是暴发户吗，有什么好读的。"有人会认为他的经营是偶然的成功，但我却不这么认为，世人皆是我师。"有想法"就是"成功的出发点"。我一路追寻自己的梦想,有了今日的事业和成就。这种思考方式也是将我的事业与经营理论连接的桥梁,使我的道路得以无限宽广。

我没有亲自领略过一仓定先生生前的教导,但是通过拜读他的著作,我也从先生那里学到了"社长这一职业究竟是怎样的"和"经营的严酷"。另外,就我现在从事的事业来说,每当陷入困境时,一仓定先生的某些言论和观点就会给我别样的启发。这就宛如一种奇异的交汇,在这二十五年中一直延续着,使我受益匪浅,我也对此倍感珍惜。

而被称作"20世纪知识巨人"的彼得·F. 德鲁克,他的管理思想之精华可用作大学教科书的入门部分。在这里,暂将他理论中关于"目标管理""利润概念"的部分搁置一边,我想和大家来分享"创新原理""营销原理"等企业、组织的发展过程中所需要的成长秘诀。

管理学不应只是纸上谈兵,唯有将管理理论作为现代兵法实际应用过的人才更有说服力。我读过几万册书,也对事

前　言

业运营事必躬亲。本书从我本人的实际经验出发，与各位读者分享"探索知识之心"。经营管理是有生命的，从公司经营中也可以看到国家运作的影子。

我饱含对松下幸之助等三位先生的无限感激之情，将本书出版。

大川隆法

HOW TO
BREAKTHROUGH MANAGEMENT CRISIS

目录

第1部
危机突破社长学——一仓定的《严酷经营学》入门

1 身为老板，知识和经验缺一不可 *003*

学习"创业学"和"帝王学"，以备将来不时之需 *003*

2 曾为五千多家公司担任经营顾问的一仓定 *006*

"让公司扭亏为盈的工作"价值连城 *006*

"连心气极高的社长也要训斥"的工作 *008*

HOW TO | 如何突破经营危机
BREAKTHROUGH MANAGEMENT CRISIS

3 大企业和银行破产也不新奇的时代 *010*

"经营失败再平常不过"的经营学者的理念 *010*

泡沫经济破裂后，破产重组导致银行巨头"信用扫地" *011*

如果把国家看作是一家公司，那这个国家该被归入

"破产公司"的行列 *013*

"寅吃卯粮"的结构导致还债无望 *015*

经济低迷期，出借资金也有风险 *016*

实施"异次元金融缓和"也没人肯伸手借钱的现状 *018*

4 客户已对答案了然于心 *020*

中小型企业或濒临破产的公司所适用的"一仓定经营学" *020*

关于亏损的原因，客户早已了然于心 *022*

朝日啤酒得以快速占领市场的原因 *025*

5 敢于对社长"直言进谏"的人才是预防破产的关键 *028*

接受忠言逆耳的"宽广胸怀"必不可少 *028*

营造企业谏言文化绝非易事 *030*

目 录

　　急功近利的"美式经营"缺陷　*032*

6 纸上谈兵的"穴熊社长"将毁掉一个公司　*035*
　　企业规模各有不同，只依靠"性本善"的经营难免出现问题　*037*
　　被消费者嗤之以鼻的"经营努力"　*039*

7 "好货不便宜"的经营学　*042*
　　生产"客户期望的产品"比"削减经费"更重要　*042*
　　"削减经费至上"主义的危险性　*044*
　　全身心投入的"客户第一主义"　*046*

8 在酒店行业，微小的失误都可能引发致命危险　*049*
　　切身去体会"不声不响就不来了"的客人的心情　*049*
　　从酒店老板和司机身上窥到服务业的难处　*051*

9 将"顾客第一主义"完全落到实处　*055*
　　稍不留意，"顾客第一主义"也会变成"强加主义"　*055*

HOW TO | 如何突破经营危机
BREAKTHROUGH MANAGEMENT CRISIS

被误认为"乘霸王车"而遭到JR职员怒斥 057

民营化和市场竞争下的"服务大比拼"惠及顾客 059

牢牢盯紧咖啡"味觉享受",从而大获成功的星巴克 061

围绕着"一美元的咖啡"展开的日本和美国的文化差异 062

一杯咖啡折射出"味道"和"服务"的实力差距 064

商社时期经历过的、员工宿舍的"机械式服务" 065

营业额和利润都处于公司的外围 069

一味依赖电脑的危险性 071

数据处理型判断带来的成功和其中隐藏的问题 073

10 社长需要对外部环境的变化具有敏锐的感知力 076

对环境的变化"先下手为强",用"未来型"思维方式进行判断 076

"社长必须独揽大权"的含义 078

社长不能专注于本职工作是很危险的 079

目 录

11 "软件方面的研究开发"也是重要因素之一　082

上层领导"亲自坐镇研发"的意义　082

努力研究，日夜不怠　083

12 "危机突破的经营学"视点　086

第2部
德鲁克管理学之精华——创新管理的秘诀

1 集团创立初期，所遭遇到的管理难题　091

使我受到重大冲击的"现代管理学"　091

创业初期，参加演讲会的人数剧增造成的管理困难　092

伴随企业的发展，最初的管理者们一个一个地脱离团队　094

从《管理的实践》中获得了一仓定的《严酷经营学》中没有的启示　096

HOW TO | 如何突破经营危机
BREAKTHROUGH MANAGEMENT CRISIS

2 依靠一个人的能力管理组织存在局限性 *099*

　　德鲁克是最早发现希特勒危险性的人 *099*

　　常胜将军拿破仑最终败北的原因 *100*

　　能力的局限性终会导致失败 *103*

　　管理赶不上发展速度，注定会失败 *105*

　　希特勒的结局与织田信长类似 *107*

　　我持续在东京巨蛋举办演讲会，所承受的压力已经接近极限 *108*

　　《管理的实践》是促进经济发展的"经济圣经" *109*

3 德鲁克管理学的要点 *111*

　　察觉组织力量的薄弱环节，全面开展组织建设 *111*

　　一句话总结德鲁克思想——建立起必胜的体制 *113*

　　德鲁克的管理模式是现代经营领域的"孙子兵法" *114*

　　培养"未来的经营负责人"，才能让企业发展壮大 *117*

　　能力互补，就能成立管理团队 *119*

目 录

4 组织生存下去的必要条件之一：创新 *122*

如何开展创新 *122*

德鲁克阐述的创新本质是"体系上的推陈出新" *125*

完美的组织是什么样的 *126*

异质性事物的结合也能促进创新 *130*

5 组织生存下去的必要条件之二：营销 *132*

营销指的是开发客户 *132*

不能增加客户，内部改革也就失去了意义 *134*

要想取得成果决不能偏离核心 *135*

6 知识和时间是宝贵的经营管理资源 *137*

如何抓住知识要点，在短时间内吸收丰富多样的知识 *137*

将工作委派给部下，自己处理附加价值更高的工作 *139*

未来就在当下 *141*

苹果和微软都起步于微小企业 *142*

收集信息，推广经验，关注流行趋势　*144*

德鲁克预言"知识将成为一种经营管理资源"　*145*

将"信息"转化为"知识"从而创造出"价值"　*146*

推动改革，让大学能够产出更多的价值　*148*

发掘具有普遍性并且有利于创新的信息　*150*

第3部
松下幸之助的发想——经营成功学的原点

1 学习"松下幸之助的经营哲学"　*155*

松下幸之助先生的经营思想对我的影响　*155*

松下的经营哲学就是"不追求成功算不上经营"　*158*

2 继承松下幸之助先生经营思想的稻盛和夫先生　*160*

不想做就做不成　*160*

将"思想的力量"运用到组织里的难度　*163*

目录

3 实践"无借款经营" *165*

4 "事业部制"的先驱者——松下幸之助先生 *168*
    松下先生的"经营哲学之说"为日本发展做出的贡献 *168*
    边做学徒边领会"销售诀窍"的松下先生 *170*
    "体弱多病"下诞生的松下电器的"事业部制" *172*

5 经营哲学和经营理论会随着公司规模的改变而改变 *174*
    "有梦想"的重要性 *174*
    真实体验"职员的激增"和"裁员" *177*
    运用"经营理论"的时候要看"公司是否符合规模" *178*

6 事业成功的秘诀在于"反复做" *180*
    我实践了"经营是认真地决一胜负"这句话 *180*
    事业成功的秘诀在于"抓住常客" *183*
    我在国外酒店的一些体验 *184*

7 反复传达"热情"非常重要 *187*

经营者为什么要"一直说一样的话" *187*

反复被提醒就会觉得"这件事很重要" *189*

反复说直到让对方明白,这种行为具有"服务精神" *191*

松下电器经过五十几次的谈判才摘掉"财阀"的帽子 *192*

8 不创造"附加价值"就不能叫专家 *195*

彻底转换思维,把不可能变成可能 *195*

"说不行"是聪明没用对地方 *197*

"如何才能做到"的回答里有"附加价值" *198*

作为专家必须要思考创造附加价值的做法 *199*

交涉中必要的"说服技术" *201*

用"全体员工销售库存"来战胜经济不景气 *202*

9 松下幸之助先生"公"和"私"的思考方式 *205*

"下雨打伞"中体现的"经营诀窍" *205*

目录

松下幸之助先生诉说的"深入思考"效用 *206*

松下先生认为"公私"分明的人并不可信 *209*

有关"公"和"私"的四个观点 *211*

无限成长,提高"匠人自觉"的松下幸之助先生 *214*

10 "无税国家论"和"水库经营"的思想 *215*

"无税国家"需要"防卫力" *215*

根据"水库经营",为经营环境的变化做准备 *217*

人才、创意、企划等方面也有可能用到"水库经营" *219*

11 不涉及"本行"以外的事业 *221*

逃脱法人税竟被称赞为"真艺术" *221*

构筑一个时代的西武集团堤氏兄弟的凄惨末路 *223*

拒绝靠与"本行"无关的土地买卖来圈钱 *225*

泡沫经济崩溃下的零售业巨头 *226*

跨行要适度 *228*

在提高自己的过程中，扩大自己的视野　229

12 "经营成功学"就是要以决生死的决心来对待事业　231

后记　233

第 1 部
危机突破社长学——
一仓定的《严酷经营学》入门

第1部
危机突破社长学——一仓定的《严酷经营学》入门

1 身为老板,知识和经验缺一不可

学习"创业学"和"帝王学",以备将来不时之需

就本章的题目来说,因为所说的内容是和社长学相关的东西,可能对有些人来说有些晦涩难懂。由于内容比较适合当社长的人,所以就有"到底能不能理解"的问题存在,而且对有些刚刚接触经营学的人来说,他们甚至会觉得"既然这都是关于社长经营学方面的知识,那我这个初学者也不可能听得懂"。从一开始就有这种想法的人,很可能在没有尝试之前就轻而易举地放弃了。

不过，这也是非常正常的现象，毕竟有些事情，不亲身经历一下是不会明白的。只不过，正如"知识就是力量"这句话所说的那样，任何东西，只要学了，以后总会有用处的。所以，我还是希望大家能多少学一些与社长学相关的知识，以备将来不时之需。

正因为我们抱有"将来我要成为老板，我要独自创立公司"的想法，才更需要掌握作为一名老板所必须具备的"创业学"和"帝王学"知识。

另外我还觉得，如果能在年轻时就打好这些基础，那么在以后的日子里你就会像磁铁一样，把成为老板所必需的知识，源源不断地汲取进来为自己所用。唯有在"经验"方面拥有了必要的经历，才能在"人力"方面将人才汇聚到自己身边，从而构筑出为自己所用的广博人脉。

所以，我对这种学习持完全肯定的态度，并且我认为，能将知识先学到手，这一点很重要。

但是，这终究不是成为老板的"必要的条件"，它只是一个"重要条件"。若是要将等级提升到"必要条件"的话，就一定要从责任的角度出发，亲自去承担一下那份重任，才能真正了解这些知识的含义并深刻体会其中的滋味。

也就是说，大家必须严格约束自己，更要明白即使在经营学课程测验中得了一百分，也不能说明你就能成为一个优秀的经营者。因为测验结果只能说明你理解了课程内容，吃透了书本中的知识，至于能不能在实际中活学活用，那就另当别论了。

因此，大家应该永远保持"谦虚"的态度。

2 曾为五千多家公司担任经营顾问的一仓定

"让公司扭亏为盈的工作"价值连城

一仓定先生的著作有很多,单是《一仓定的社长学》系列就有十本书,有几个版本的内容稍有些变化,定价也都不统一,有些在九千八百日元左右,有些甚至连标价都没写。那些标价不明的书,应该会比较贵,我不知道要花多少钱才能买到,但想必是物有所值的。

如果按照经营指南行事,真的实现了扭亏为盈,让濒临倒

第1部
危机突破社长学——一仓定的《严酷经营学》入门

闭的公司奇迹般地恢复了活力的话,那这些书的确称得上是无价之宝。

一仓定先生以前担任过经营顾问,从他的立场来看,我猜想他恐怕会说:"你要是觉得亏损上亿的公司只花一万日元就能实现扭亏为盈,那岂不是太便宜了?"

这感觉如同是在玩弹珠游戏时,买一个弹珠就能打到弹珠满仓一样。事实上,这种好事一般是不会发生的,所以他才会觉得一本书一万日元卖得太便宜了。

总体来说,和经营相关的顾问费、讲座学费等价格都是比较高的。正因为价格高,能接受如此高价学费的人是有限的,咨询顾问们传授的内容只对少数人公开,才显得内容稀缺。

另外,如果经营顾问同时也兼任同行业竞争对手公司的顾问的话,那就非常恐怖。因为自己公司的信息很有可能外泄给竞争对手。因此,通常一位顾问只为某个行业的其中一家公司服务,来保证信息绝对的安全。一般来说,同一个人是不会为同一行业的数家公司担任顾问的。

HOW TO | 如何突破经营危机
BREAKTHROUGH MANAGEMENT CRISIS

但是著书就另当别论了。书刊普遍都是针对某一范围内的读者群体，用这种方式传播自己的经营理念，顾问所服务的公司可能就不止一家了。一仓定先生就是这样，他曾为五千多家公司担任过经营顾问，并指导他们如何经营运作公司。

"连心气极高的社长也要训斥"的工作

或许很多人都不明白，经营顾问究竟是做什么的呢？简单来说，这是份"连社长也要训斥"的工作。

我也经常说："社长这个群体中有很多人都是自尊心很强的，他们非常不喜欢被人训斥。"而且"社长"这个职业不仅不太容易挨批，还随时会有人唯唯诺诺地跟在其左右。

所以，如果公司外部的人员不能对社长当头棒喝，那就很难让他醍醐灌顶。但是社长们也会对此不以为然，甚至会认为

第1部
危机突破社长学——一仓定的《严酷经营学》入门

"外人怎么可能了解我公司的情况？"于是对这些意见置若罔闻。这就要求顾问在面对如此自傲的社长时，能够对其劈头盖脸地训斥。这种场景确实会频频出现在顾问的工作中。

当然，很多社长心气颇高，劈头就训有可能会适得其反。但实际上，如果遇到亏损严重甚至濒临破产的公司，那社长无论抓到什么都会将它当作是救命稻草，态度自然也就会变得十分谦虚，俨然一副"请你务必出手相救"的感觉。

一仓定先生曾向很多这样的公司施以援手，让它们起死回生，他这样的在经营上的"菩萨行为"不计其数。

3 大企业和银行破产也不新奇的时代

"经营失败再平常不过"的经营学者的理念

　　这次，幸福科学大学开设了经营类的学科，该学科的名字并不是"经营系"，而是"经营成功系"。很多来做审查的经营学者认为这个名字太过"天真"，要求我们把学科名字中的"成功"二字去掉。因为他们觉得，经营失败是家常便饭，所以要我们删除"成功"这种绝对的字眼。

　　在现实生活中，破产的公司的确比比皆是，今后同样的情

第1部
危机突破社长学————仓定的《严酷经营学》入门

况也不会消失。如今早已进入一个"不会因为公司规模大,就能保证公司绝不会倒闭"的时代。事实上,现在很多大公司的经营出现危机甚至濒临破产,有实例已经表明,公司规模越大,越要投入数以万亿的资金才能挽救败局。

泡沫经济破裂后,破产重组导致银行巨头"信用扫地"

例如20世纪90年代,日本泡沫经济破裂后,被认为"绝不会倒闭"的日本银行巨头实施破产重组,原本二十家左右的都市银行硬是被合并成了三四家,这恐怕是人们做梦都没有想到的结果。很多人对此还莫名其妙,因为大家都认为只要银行在,公司就有所仰仗,但是,现在竟然连银行都倒闭了,这种不可思议的情况,到底是怎么发生的?

虽然真相很残酷,但这的确是事实。在某些特殊时期,银

HOW TO | 如何突破经营危机
BREAKTHROUGH MANAGEMENT CRISIS

行只有通过破产重组才能生存下去，而在这段时间内，银行的信用也可能丧失殆尽。人们觉得钱定期存在银行里太危险，还是全部转成活期，以便随时可以转账，把钱逐渐存到运营正常的银行去；更有甚者把存款从银行取出来，以现金形式放到自家壁橱里。

连银行都失去信用了，普通的公司就更别提了。

很多在第二次世界大战以后对日本经济做出巨大贡献的大公司都逐渐步入暮年，这是不争的事实。索尼、松下电器（现在的Panasonic）都是这样，三洋电器也已经被收购，很多行业巨头都逐渐显现出大厦将倾的迹象。

第1部
危机突破社长学——仓定的《严酷经营学》入门

如果把国家看作是一家公司,那这个国家该被归入"破产公司"的行列

不只是银行或大公司会面临破产重组的问题,坦白说,日本政府自身也应该意识到,如果把国家视作一家公司,用"公司分析法"进行自我剖析的话,那这个国家也应该被归入"破产公司"之列。

举例来说,如果日本2015年度的国家预算为百万亿之巨,那么,通过税收和发行国债,以向国民和企业举债借钱的方式获取的收入,合计也将超百万亿日元。

实际上政府的债务额为一千万亿日元,也就是说,负债达到了收入的十倍。如果这种情况发生在一家公司身上,那么它的经营将陷入十分艰难的境地。

HOW TO | 如何突破经营危机
BREAKTHROUGH MANAGEMENT CRISIS

假设经营学测验中有这样一道题：年度销售额为一亿日元的公司却背负了十亿日元的债务，那这个公司的前景会怎样？相信很多人的答案都会是"破产"吧。

一亿日元的销售额并不代表一亿日元的利润。利润是扣除各种成本和经费后剩余的部分。所以，销售额有一亿日元的公司，最终利润可能连一千万日元都没有。但是，十亿日元的债务所附带的利息却是非常惊人的，这对任何一家公司来说，都是无法承受的压力。

国家也一样，单是偿还高额的利息就是一项非常艰巨的工程。好不容易征收上来的税金却不得不用于偿还利息，这种情况不胜枚举。所以，国家也在想方设法地扭转这种局势，继而有人提出了"增加消费税"的方案。

如果把国家视为一家公司，那么它的运作能不能如政府所预言的那样，还真的是个问题。如果一家公司陷入这种局面，估计它的运营将难以维持，面临的结果就只有破产清算这一条路了。

第1部
危机突破社长学——一仓定的《严酷经营学》入门

"寅吃卯粮"的结构导致还债无望

公司的债额再多，也不应该超过营业额的三分之一，换言之，30%左右就已经是负债的上限了。如果一家公司的年营业额是十万亿日元的话，那最多向银行借款的金额是三四万亿日元。事实上，这笔债务公司是无力偿还的，但这并不妨碍公司的正常运营。如果通过借款所创造的利润，与三万亿日元所附带的利息相当，那用这部分的利润去偿还利息，公司就可以持续经营下去。

以这些公司的处境来说，如果银行收回贷款，它们都会在瞬间倒闭。这就意味着"公司结构是根本无力还债的"。

即使是生产型企业，也大都身负债务。

在建造工厂时，首先要做的就是"借钱"。建一座工厂必须购买地皮、建造房屋、雇用工人,所以先要"举债"。之后才能生产产品,将其销售后回笼资金。完成这些通常都需要花费数年的时间。

因此,"举债"总不可避免地走在所有计划的最前端,在经济总体呈上行趋势的情况下,大家都抱着"几年以后才能实现事业畅通无阻"的心态,实施着正常的经营,并乐观地期盼着借来的钱总会有连本带利都赚回来的这一天。

一旦经济陷入萧条,这种"寅吃卯粮"的做法,将直接把公司拖垮。所以,如何调整公司结构是必须面对的考验。

经济低迷期,出借资金也有风险

一旦总体经济转入低迷、公司发展陷入停滞状态时,银行就极有可能无法收回贷款。

第1部
危机突破社长学———仓定的《严酷经营学》入门

如果银行对某个企业发放贷款后，该企业却遭遇到"土地买好了，商品生产出来了，但是卖不出去。卖出去的也被退回来了，库存积压如山"的情况，银行就算把他们的土地和工厂没收抵债，也无法弥补造成的资金损失，没收得来的固定资产对银行来说只不过是个烫手山芋。万般无奈之下，只能将已经荒废的场地按照空地皮价再次销售，只是售出的价格根本兑现不了当初借贷公司所担保的价值，结果往往是这样的。

其实，很多公司都拿不出像样的资产用于贷款担保。他们大多都租用高档的办公大楼，租金占用了很大一部分经费。高额的人工费用所占比例也很大，再加上采购商品的经费也不菲。所以，公司能收回的利润其实真的非常微薄。正因为最终利润很少，所以"得到资金援助，用于公司运作"的循环一旦停止，公司就有可能面临破产的窘境。

从这个意义上来说，公司的运转就犹如骑自行车一样，只要链子一断，就举步维艰，最后只能以破产告终。

HOW TO | 如何突破经营危机
BREAKTHROUGH MANAGEMENT CRISIS

实施"异次元金融缓和"也没人肯伸手借钱的现状

即使日本处于快速发展期，仍有一些地方需要依靠高速增长的经济予以填补。时至今日，尽管政府以"摆脱通货紧缩的困境"为目标，推行了一系列货币政策，却依然很难脱身。安倍经济学的"第一支利箭"就是实行宽松货币政策，这个政策被称为"异次元金融缓和政策"，政府要求日本银行零利率并且进一步量化宽松，大规模放行贷款，结果却是根本没有人向银行借钱。这就导致安倍首相不得不在亚洲和中南美洲各国之间到处游说，更在2014年9月1日与印度总理莫迪的会谈中高调宣布在今后的五年中，日本将通过政府开发援助（ODA）实施总额达3.5万亿日元的对印投资的计划。

也就是说，如果日本政府不直接出面向其他国家发放贷款的话，那么，多余的资金就借不出去。

银行投放贷款后，如果放贷时的资金无法顺利收回，就会出现坏账。但正是由于没有资产可做担保，所以没有人愿意向银行伸手借钱。

现在，日银虽然号称"零利率"，但市场利率还是存在的。作为贷款来说，这个利率确实非常低，如果在经济景气时，人们大可借来用于长期投资，也可以开工厂、建公寓或者盖酒店，这的确会成为拓展事业的大好机会。可是现在，即使国家有心发放贷款也没有人肯借，大家都把钱袋子系得紧紧的。这到底是为什么呢？

究其原因，还是因为大家心里普遍存在着这种担忧，觉得"消费税是要涨了，那消费也将更加遇冷，企业倒闭的可能性也会随之增大。搞不好连工资也会减少，甚至还有可能被公司解雇"等，一想到这些，大家就不敢随意用钱了，只能把钱包紧紧扎好。

看到这些，想必大家都能深刻体会，经济的确是个非常复杂的存在。

4 客户已对答案了然于心

中小型企业或濒临破产的公司所适用的"一仓定经营学"

一仓定先生作为公司的经营顾问,他在对社长厉声训斥的同时也不吝指点。让亏损濒临倒闭的公司起死回生,就是他的职责所在。从一仓定所指导过的公司规模来看,中小型企业占绝大多数。

所以,他所讲述的经营理论比较适合几十人到几百人的中小型企业,而规模较大的大企业,这套理论中的很多地方都不

第1部
危机突破社长学——一仓定的《严酷经营学》入门

太适用。但如果是正濒临破产边缘的大企业的话，"一仓定经营学"的内容也同样适用。因为即将倒闭的公司，就状态而言和中小型企业是大同小异的，所以这套理论也行得通。

如果你的企业已经跻身"大型企业"行列，那么选择"德鲁克的经营学"会比较恰当。

对于五千人甚至一万人以上的公司，德鲁克的理论剖析得更加精准。这样的公司不仅在长时间里已经培养出了合适的经营管理者，孕育出了接替社长或者重要董事成员的预备军，而且公司内部有经营能力的人才储备也相对充实，可以发挥顾问作用或充当"军师"的人才比比皆是。在这种体制下，即使社长四五年就更换一次，企业也已经具备了能不断推出新任社长的能力了。所以，这种公司一般不需要额外聘请顾问。只有在公司濒临倒闭的时候，才会向顾问咨询意见。

中小型或微型企业中，由于人才储备并不十分充足，所以很多情况下都只能依靠社长一个人的力量。

所以，"能不能对社长直言进谏"就显得尤为重要了。非

HOW TO | 如何突破经营危机
BREAKTHROUGH MANAGEMENT CRISIS

公司人员的直谏，似乎更容易被社长接纳，因此这类企业比较适合聘请顾问。"觉得不中意的话，你完全可以不听，但是你就要付出公司破产的代价。是选择破产还是选择我的忠言逆耳，你自己决定吧。"这就是顾问存在的意义。

如果真的到了走投无路的地步，即使是那些自以为是的社长，也都会放低姿态，谦虚求教。有的企业在听取顾问的建议后起死回生，但也有的已经病入膏肓，顾问也回天乏术了。这两种情况都普遍存在。

关于亏损的原因，客户早已了然于心

一仓定先生还有许多相关的理论，比如：一位高居社长之位长达十年、二十年之久的人，他周围会有越来越多阿谀奉承者。这样一来，社长就听不到关于公司的负面报告，更不会有

第1部
危机突破社长学——一仓定的《严酷经营学》入门

人直言不讳地对其做出批评。久而久之，有时候公司已经危机四伏了，社长却还在孤芳自赏，对危机浑然不觉。如果产品卖不出去，社长就觉得"是不是经济不景气"或者"是不是员工在偷懒"？万一不分青红皂白地斥责员工，或者采取其他不恰当方式来解决问题，结果反而会适得其反。

那么解决问题的方法究竟在哪里呢？一仓定经济理论给出的建议就是，社长先去客户那里走一圈看看吧，因为客户对这些答案一清二楚。

为什么那个公司的产品卖不出去？为什么没有客户上门？或者为什么客户都不为他的服务买单？对于这些现象的原因，客户们都非常清楚，被蒙在鼓里的只有社长一个人。公司职员也有可能知道，只不过没有告诉社长，当然也有可能员工也对此一无所知。

总体来说，员工都不太倾向于把负面消息报告给上层。所以，当社长听到这些消息的时候，公司往往也已经到了无药可救的地步了。

HOW TO | 如何突破经营危机
BREAKTHROUGH MANAGEMENT CRISIS

"社长,这个星期已经开不出票据,我们要破产了",等到这样的话传到社长耳朵里的时候,多半也已经无计可施,只剩跟高利贷借钱这一条路了。如果社长事先能获知这些坏消息,可能还来得及采取措施,但是事实上,社长事先对这些情况都一无所知才是常态。

所以说,社长如果时常到客户那里走一走,就会对这些负面消息有所了解了。

一仓定先生说:"为什么产品卖不出去?到客户那里拜访一下,马上就能明白问题所在。但是很多社长都不肯动弹,只愿意做个'穴熊社长'。"

"穴熊"的意思就是窝在洞穴里不肯出来的熊。用这个词来比喻那些整天待在办公室不肯露面的社长们再贴切不过了。

想搞清楚为什么公司的销售额会下跌、为什么账目上会出现赤字,那就要求社长们必须去客户处做一番实地的了解。能做到这一点,客户也会坦诚相告为什么你们的东西没有销量,为什么我们换了别的公司的产品。他们会让你得到很多信息，比如"别的东西销量都很好，唯独这款产品没人买，原因在哪里"，或者"那个销售员的态度让我觉得不爽""你们的产品已经过时了"等。

这些信息都是在平日的报告书中看不到的，如果不实地去拜访客户，就不能明白问题所在。

朝日啤酒得以快速占领市场的原因

很早之前，当住友银行的副行长空降到朝日啤酒担任社长时，由于他觉得自己对啤酒生产企业一无所知，完全是个门外汉，于是他就经常去拜访该行业的其他生产商，听取他们对行业的意见，或者是到有业务往来的啤酒批发商、酒吧等地方，直接询问客户。这样问下来，他首先发现了一个问题：很多客

HOW TO | 如何突破经营危机
BREAKTHROUGH MANAGEMENT CRISIS

户反映,他们生产的啤酒在经过一段时间的储存后,会有漏气的现象,直接影响了饮用的口感。当时,朝日啤酒的员工向客户推销的就是这种漏了气的啤酒。

找到问题所在后,这位社长就做好了出现赤字的心理准备,并且把生产日期比较久的啤酒全部废弃了。他觉得不该让客户喝这种漏气的啤酒,所以把相关产品全都报废了。

同时,他也听到了这样的声音:"客户希望喝到'口感醇厚'和'余味利落'的啤酒,但是你们的产品却满足不了这些需求。"

当时朝日啤酒在市场上的份额已经跌到了10%以下,而麒麟啤酒却以60%的市场份额高居销量榜首,几乎形成了行业垄断。但是,在之后的时间里,朝日啤酒通过推出重磅产品"朝日SUPER DRY"快拳出击,在满足了客户需求的同时也扭转了市场局面。

作为一个啤酒行业的门外汉,住友银行副行长竟然在上任后不长的时间里实现了这种大逆转,实在是不可思议。通过这

第1部
危机突破社长学———仓定的《严酷经营学》入门

个例子，我们能看出，帮助公司扭亏为盈实现反转的答案，其实就藏在市场中。但是，这些答案是不会有人主动告诉你的，一定要你亲自虚心请教才能探出究竟。

5 敢于对社长"直言进谏"的人才是预防破产的关键

接受忠言逆耳的"宽广胸怀"必不可少

自古以来,中国古典文化中的帝王学就对"谏言、忠言逆耳"倍加称赞。我们对这些历史典故耳熟能详,但真要把它拿来解决实际问题,仍是一件难度较大的事情。

在一个帝王统治的国家里,如果周围有人敢对皇帝提意见说"哪里做得不好",那就可能会惹得皇帝不高兴,搞不好还

第1部
危机突破社长学——一仓定的《严酷经营学》入门

会因此丢了性命。所以，谏言在中国古代可以被看作是一件"将脑袋挂在腰带上"的事。因为，这里面涉及一个人的"器量"问题。

在某些情况下，人们因为拿不定主意，会主动去咨询别人的意见，但如果他本人胸有成竹，那自然不需要再询问其他人的意见了。

在战争时期，军师和将领们会汇聚一堂召开军事会议。这种做法在今天的经营活动中仍很常见。例如，营业部部长及财务、审查等许多间接部门的人员，会聚集在一起开会解决问题。

在古代战事的军事会议上，除了军师以外，其他人也会发表自己的意见，并且不必有人对这个场合发表的意见承担责任。最高将领会根据大家的诸多意见做出最终判断。最终决定"接受哪种意见，拒绝哪种意见"的是最高将领，他必须对自己所做的判断负责。

从这个意义上来说，军事会议召开的前提是，即使提出意见，也有可能不被采纳，但好处是，除了最高将领，谁也不必对此负什么责任。

所以，参谋才敢于对最高将领直言进谏。对这些话能做到隐忍、接受，是非常有难度的。作为最高将领拥有这样的器量是极为重要的。

如果换成一个器量狭隘的人，他可能接受不了别人的直言进谏。那么，最后他周围剩下的就只有溜须拍马的小人了。在战场这种特殊的地方，胜负结果也就不言而喻了。

营造企业谏言文化绝非易事

所谓"忠言逆耳"，就好比在社长高呼"现在我们公司实力正强，大家放手和对手大干一场吧"时，有人敢呛声"打也打不赢"的情景是一样的。

第1部
危机突破社长学——一仓定的《严酷经营学》入门

如果对正打算提高市场份额、投放广告准备大干一场的社长说："现在，别家的商品非常畅销，人气正旺。而我们公司的产品却无人问津，卖不出去。在这种情况下尝试去挑战别人的话，只会让公司的库存积压成堆。到时候，这些积压的货物会给财务带来极大压力，甚至还可能导致公司破产。不如现在先忍耐一下，在这段时间内我们可以在研发上下大功夫，先提高产品质量，这才是我们该做的。"提出这种建议无异于老鼠给猫系铃铛，需要很大的勇气。

如果社长能虚心接受这些谏言还好，但如果遇到那些刚愎自用、一意孤行的社长，道出这番谏言的员工就有可能会因此丢了工作。

从这个意义上来说，劝谏的确是一件很需要勇气的事，所以说要让一个公司里形成这种敢言直谏的氛围，也绝非易事。正因为实施的难度很大，所以才有了今天的顾问行业，即通过公司外部人员来谏言的机制。

只不过，顾问的谏言会与公司的实际情况出现偏差，但这也是无法避免的难点所在。因为顾问对该行业或者该公司的了解并不充分，所以只能单纯地从理论上进行分析，或者套用数学公式、画图表来实施分析，这就有可能发生意见与实际脱轨的情况。

总的来说，一旦涉及"人的情感"，情况就会变得复杂，顾问有时候也不太了解客户的喜好和需求状况究竟如何，只是一味地依赖计算公式去分析和解决问题。而这也是顾问这个行业不可避免的现实情况。

急功近利的"美式经营"缺陷

经营顾问们经常会提出一些短期内就能迅速奏效的建议，但是，这些建议往往会带来比较严重的后遗症。顾问只管在任期内做出成果，稳稳拿到报酬就好，但一段时间后，他的建议就会出现负面效应。这种状况经常出现，所以必须引起经营者的注意。

许多留美归来的经营顾问都钟情于这种急功近利的指导方式，但是大家必须明白，这种做法从长远的角度来看，可能是杀鸡取卵，甚至会扼杀掉公司特有的优势。

我觉得，最近松下电器就处于这种情况。在之前的"家族主义经营模式"下，技术人员一直备受重视。但自从实行美式裁员方案后，技术人员一去不返，新品开发陷入瘫痪。

而且，据说索尼公司的技术人员流失也相当严重，我觉得这一切可能都源于外资系社长入驻后大刀阔斧地实施改革，只顾追求眼前的利益所致。

然而，重视技术的文化并不是那么容易就能形成的，这需要很长的一段时间，所以一旦被破坏，从长远来看，就会直接导致公司逐渐走向倾覆。

由于这些因素的存在，顾问这个行业所要做的工作也的确很不容易。顾问是要代替公司员工或是公司管理层向社长直言进谏的，这是项极为艰巨的任务。只不过，他们不以解雇的形式停止合作，只要终止顾问合同，一切就都结束了，也不会出现任何纠纷。顾问就是承担了这种责任并一路要做下去的工作。

　　由于是外部人员的进言，不容易伤害到社长的自尊，再加上像一仓定先生是对五千家公司提供指导的权威人物，社长们感觉他的话可能"有道理"而乐意接纳。也就是说，顾问还能起到让社长变得谦虚的作用。

6 纸上谈兵的"穴熊社长"将毁掉一个公司

从不涉足现场的"穴熊社长"是导致公司破产的原因之一。

根据以上分析,公司破产的原因之一,可能也是因为有个从不愿意到现场看一眼的"穴熊社长"。例如,只读每日报告的话,社长能看到的只是报告上面写着的、销售人员奔波于很多重要业务场所的记录而已。但如果去与客户确认的话,可能会得到"他没有来过啊,最近几个月都没见到过他"等类似的回答。

HOW TO | 如何突破经营危机
BREAKTHROUGH MANAGEMENT CRISIS

虽然报告上写着他去拜访过客户，但其实就算是坐在咖啡店里，这种报告也都是可以随便写得出来的东西，根本就没有任何参考价值可言，写完交上去就算完成工作了。但如果社长亲自去客户那里走一趟，却往往会听到与报告内容截然不同的回答。

如此这般，社长也就应该明白销售背地里搞的小聪明了。

事实上，在很多情况下销售们都没有真正地去开展业务，他们经常会将拜访客户的时间用在跑去电影院看电影或到咖啡馆喝咖啡等的消遣上。而事后，杜撰些完全没有的东西，将它们写在业务报告上并提交上去。而其上司也只负责审核盖个章，完全不去深入追究他们到底做了什么。令人瞠目的是，这种情况并不罕见。

也就是说，下面的人报喜不报忧，对客户的投诉事件只字不提，只对受到褒奖的事例大肆渲染，并把它们做成记录报告上去。这种情况比比皆是，身为社长必须引起注意。

第1部
危机突破社长学——一仓定的《严酷经营学》入门

企业规模各有不同，只依靠"性本善"的经营难免出现问题

一仓定先生进一步说："'创意功夫'也有个程度问题，一旦力度过大，就容易忽略某些东西，进而导致失败。"

一仓定先生举了个天妇罗店的例子。老板不明白为什么自己的天妇罗销量下跌了，觉得很奇怪，于是就做了一番调查。结果发现，店里居然采用了一个在现场炸天妇罗的大婶的主意，把炸天妇罗的油换成了廉价油。也许他们认为，这样做减少了成本，上司一定会高兴，但却没想过，这种做法会直接导致产品口味的下降，造成销量下跌的局面。

还有一个炸牛肉薯饼店的故事。老板完全不明白为什么自家的产品卖不出去，于是，他装作路人问客人："为什么这里的炸牛肉薯饼卖不掉呢？"客人回答："因为不好吃呗。"

HOW TO | 如何突破经营危机
BREAKTHROUGH MANAGEMENT CRISIS

这样直接的回答恐怕对经营者来说宛如一记"重拳"直击门面，让经营者明白了自己的炸牛肉薯饼卖不出去的原因。

员工原本想努力搞点创意或是节省成本，出发点是好的，却一不留神导致了产品口味下降，影响了生意。

从某种意义上来说，德鲁克的支持者或德鲁克式的经营是属于"善意"的经营，是一种"委任于人，谋求快速发展"的做法。在已经成型的大公司中，人们只要随着体制和规则的大流前进，就可以使公司逐渐步入成功的轨道，然后用这种方法去培养周围的人，把发展壮大的责任委托给别人。这是一种非常具有"性善说"特点的经营方式。

但对破产型的公司来说，"性善说"多数是行不通的，倒是"性恶说"比较派得上用场，这也是大家必须知道的一点。因为，谁都不知道会在什么地方摔倒，所以很有必要对这些道理预先有一个认知和了解。

第1部
危机突破社长学——一仓定的《严酷经营学》入门

被消费者嗤之以鼻的"经营努力"

下面说的这种现象大家应该都有所耳闻。以前，当便利店或超市采购了牛奶或果汁等商品时，店内的工作人员会重新在货架上摆放产品，据说他们会将生产日期较久的产品摆放在最外侧，而将新鲜的产品放在靠里的位置。这种经营手法现在已经很少使用了。

根据先入先出的原则，先让客人买日期比较久的牛奶或果汁，这样的话，就不会发生因产品过期而退货的问题了。

但是对消费者来说，即便你告诉他"这个牛奶还可以喝"，他也肯定不愿意去购买好几天以前的产品。无论哪个消费者都会想要喝最新鲜的牛奶或果汁。然而，店方却千方百计地把新鲜产品藏在里面，把日期较久的产品摆放在外面。所以，当店主纳闷"为什么我们的产品会卖不出去"时，根本想不到其实是店员的这番"经营努力"所致。

这种做法被称为"先入先出"，以前的确存在这样一种经营指导，即将新鲜产品放在内侧，陈旧产品放在外边。现在，这种做法遭到了全面禁止，有些优秀的便利店甚至会将每天的进货次数提升到三次，工厂一边生产，一边分早、中、晚三次将新鲜产品分批配送到店里。

像饭团便当、面包等产品，在经过一段时间之后，口味就会变得不如最初那么美味，比较有实力的便利店就会把工厂设置在配送范围内，采用勤奋配送的方式，来保证食材的新鲜度，从而提升客户的满意度。

不管怎么说，这些故事都告诉我们一个道理：看似下功夫想出的好办法，却成为导致失败的元凶。如果只当一名"熊穴社长"，不亲临现场视察，也不听取客户的意见和投诉，就会为公司倒闭埋下最大的隐患。因此，经营者必须多听听客人的投诉，多咨询别人的意见。这是对经营者来说很重要的一点。

7 "好货不便宜"的经营学

生产"客户期望的产品"比"削减经费"更重要

一仓定先生有些著作售价高达一万日元,这与一仓定先生提倡的"好货就是要标高价,好好出售"是一致的。这也是"一仓定经营学"的典型风格。

很多破产公司都倾向于采取"生产次品,廉价销售"的模式。他们觉得,只要东西的价格便宜自然会有销路,于是大肆生产质次价廉的产品,最终导致库存积压如山。

第1部
危机突破社长学———一仓定的《严酷经营学》入门

仅凭一个人的想法就决定了重要的事情，这往往会带来危险的结果。

那些一直待在公司里不出去考察的"穴熊社长"，往往会提出削减经费的提议。然后，大家就会跟在社长身后一起开展"小气运动"，以牺牲产品质量为基础，纷纷开始削减经费。

这样就会出现上面提及的"天妇罗的味道不如从前、各种产品质量下降、销售人员试图推销陈旧商品"等问题。

一味地削减经费，终会导致这类问题的出现，所以大家必须提高警惕。与其削减经费，还不如将全部的精力都投入到生产客户喜欢的产品中去。

例如，食品厂商首先要做到的就是保证食物的美味可口，不要过多地去考虑节省原材料的费用，唯有提升产品的口感才是实现产品畅销的王道。

一仓定先生总强调："生产出客户期望的产品是实现经营状况翻身的最好方法。"

HOW TO | 如何突破经营危机
BREAKTHROUGH MANAGEMENT CRISIS

"削减经费至上"主义的危险性

正如稻盛和夫先生所说的,大公司基本上都奉行"营业额最大、经费最小、利益最大"的信条,营业额提高到最大、经费缩减到最低,就能够实现利益最大化。经营者套用这种简单的计算公式,并让它渗透至每位员工的思想中,以此来实施经营。从这个角度来看,稻盛和夫先生也的确信奉这一点,将公司运营得很成功。

只不过,2014年稻盛和夫先生在重建JAL(日本航空)之前,日本政府就计划将2019年后购入的政府专用机机体保养业务从JAL转至ANA(全日本航空)。

这是因为政府怀疑JAL削减了飞机的维护保养经费,并对此深感忧虑。也就是说,JAL内部决定对机体维护保养方面稍

第1部
危机突破社长学——一仓定的《严酷经营学》入门

作简化，推行"廉价销售，削减经费"的行为。但是，日本政府觉得JAL的这一行为会使政府专用机产生无法预估的安全隐患。正因为考虑到了这一点，政府才把机体维护业务转给了ANA。

作为一个航空公司，如果首先考虑的是"客户第一"，那么在飞机飞行过程中就绝不允许发生坠机事件或其他任何事故，尤其在飞机的维护保养或者零部件的检修方面绝不可吝啬资金，应该坚持"客户生命至上"的原则。如果做不到这点，飞机就创造不了其应有的附加值，大家也就不会去乘坐了。

由此可见，如果凡事都奉行"以节俭经费为第一要务"的话，就很可能导致恶果出现，所以一定要引起重视。

因为经费膨胀而产生赤字时，将成本稍作削减，短时间内效果的确会非常显著，但从长远来看，一味地埋头于钻研如何削减经费，终究会引发负面效应，导致客户纷纷弃你而去。

针对这种情况，一仓定先生认为，还是应该把重点放在提高自身产品的质量上。努力投入全部精力，生产出最好的东西，才能长久地抓住客户的心，回头客不断，形成忠诚客户群，实现盈利最大化。

全身心投入的"客户第一主义"

关于"客户第一主义"这一观点，一仓定先生曾在他的某本著作中举了日本的车站便当"山巅砂锅"的例子来说明。

新干线通车前，去往轻井泽方向的人们应该对"山巅砂锅"这款便当非常熟悉，这是一款将米饭和各种配菜盛入锅型陶罐中的便当。只不过，现在的年轻人可能只了解新干线通车以后的情况，没听说过这款便当吧。

1998年日本长野县举办冬季奥运会时，长野新干线已经开通。但在那以前，从关东到长野中途需要在一个叫作"横川"的车站暂停，让列车连接上辅助车头后才能继续爬过山

第1部
危机突破社长学——一仓定的《严酷经营学》入门

岭。所以，列车在横川站会有五分钟左右的停靠时间。那时便当销售人员就会在站台上一字排开，开始销售"山巅砂锅"。我也曾在这五分钟的时间内购买过这款便当。这个便当店让一仓定先生大加赞赏的是：男主人过世后，女主人也能接过店铺，继续用心经营。为了让乘客吃到新鲜烹制的便当，她总是会事先算好列车到达的时间，然后在最佳时刻开始制作便当，用心周到至此。所以，大家都知道这份便当是"刚刚做好的"，因此这款产品一直人气不减。

在横川车站，销售人员售卖便当的时间只有列车停靠时的短短五分钟，卖完便当后，他们仍会对乘客致以最高的敬意，集体鞠躬直到列车消失不见。这也成为横川车站一道亮丽的风景线。

遗憾的是，这道风景如今却消失不见了。新干线通车后，列车不在横川站停靠了，我很想知道这家店究竟是倒闭了，还是继续在经营，于是就去看了看。结果它不但没倒闭，反而将销售区域转战到长途汽车站等其他地方，开辟新的卖点继续经营。

当然，味道还是一如既往地好。可见，只要是用心经营的东西，顾客就会一直支持下去，不离不弃。这就是一仓定先生非常赞赏的一点。

所以，大家不要去尝试通过降低产品质量，廉价销售赚取利润的方法。不要试图通过"少放一个鸡蛋"或者"换成价格便宜的食材"等，通过这些所谓的"努力"来增加利润，这种行为并不可取。我们要始终抱着"让顾客吃到最好的东西"的心态来经营，这样顾客才会喜爱你的产品，觉得物有所值。

8 在酒店行业，微小的失误都可能引发致命危险

切身去体会"不声不响就不来了"的客人的心情

这个道理，酒店行业也同样适用。一家酒店能做到"吸引回头客"的关键仍然是"用心程度"。

客人如果不喜欢某家酒店，那他就再也不会来这里住宿。所以，正如一仓定先生经常说的那样，不再光临的客人其实是

HOW TO | 如何突破经营危机
BREAKTHROUGH MANAGEMENT CRISIS

在对商家做出"无警告的解雇",而且是顾客单方的解约。他们只是不再买、不再用、不再光顾了,而且一定不会告诉你是什么原因。

这种问题在酒店行业普遍存在。住宿体验不佳的话,顾客就不会再次预定这家酒店了,个中原因对他们来说就是那么显而易见。

由此可见,在服务业中,平常的点滴疏忽,等积累到一定程度之后,就可能引出重大的问题。

以前在谈到和经营有关的内容时,我曾提到过这样一个故事:

我在千叶县的浦安举办研讨会的前一天,预定了一家新开业的酒店。我通过客房服务点了一杯热咖啡,但是等了差不多三十分钟才送到,而且,咖啡送到我手上的时候已经不热了。很显然,这是因为酒店对其内部服务处理不到位导致的。

咖啡的价格相对于酒店住宿费用来说并不贵,但是,只要给客人送过一次不冷不热的温吞咖啡,那就给足了客人不再光顾第二次的理由了。

所以,商家一定要站在客户的立场上,切身地去体会一下,这样就能找出很多经营中存在的问题。

从酒店老板和司机身上窥到服务业的难处

以前,出于节约经费的考虑,我外出办事时,只带司机一人入住酒店。

因为司机对秘书的业务不太熟练,也不太会说话,所以常常引起一些不必要的纠纷。有一次,他在办理退房的时候对前台说,房费已经事先转账付过了。可前台却说并没有查到转账记录。于是,双方各执一词,相持不下。

这时候酒店管理人员过来对前台的员工说:"客人一再表示自己已经付过房费了,你一味强调没有转账记录,不如重新

HOW TO | 如何突破经营危机
BREAKTHROUGH MANAGEMENT CRISIS

检查一遍转账情况。"虽然后来酒店管理人员出面调解了，但是被酒店员工这样质问，弄得我们好像是住"霸王店"一样。事实上，事情的起因其实是我的司机没有从中做好协调。

我的这位司机刚从自卫队的空降部队退役不久，因为他曾为将军当司机，既是位好司机，又是一位好保镖，所以我雇用了他，但他好像开什么车都像开军用吉普车那样霸道。而且，他开车的时候根本就不顾忌别人的感受，经常随便找个地方就停车，搞得周围怨声载道，也让我心惊胆战。

有一次我在东京巨蛋体育场举行演讲，巨蛋体育场位于马路的左侧。因为日本的车辆是靠左行驶的，所以必须从左边的车道驶入车库才能到达入口。但是，那位司机因为看到马路对面有很多人在等着，所以他突然猛打方向盘改变方向，从右侧车道逆行着径直向入口驶去，当即引起一阵骚动。周围民众"哇"地大叫起来，就连警察也冲了过来，局面在一瞬间就变得混乱不堪。但在曾经服役于自卫队的司机看来，左、右根本无关紧要。因为在自卫队的野战训练中，无论是在山间行走还

第1部
危机突破社长学——一仓定的《严酷经营学》入门

是在平地奔驰，对他们而言都是一样的。而作为普通的社会车辆，就必须遵守左侧通行的交通规则。这次事件是司机没有事先了解城市道路交通规则所致，他为了到达对面，逆向行驶直接冲向东京巨蛋体育馆，以至于遭到警方制止，引起了不必要的麻烦。

在东京羽田机场候机场大楼入口处，有与大巴终点站相连接的人行横道，他有时候就会直接把车停在人行横道的正中间，引得周围的行人破口大骂，让我也忐忑不安，他本人却表现得满不在乎，说："您从这里下车登飞机是最近的。"原来，他是本着服务至上的精神把车停到了最近的入口。

"如果你这样做，别人是否会生气"这样的预想，在自卫队的训练中，完全是无关紧要的事情。所以，他对别人指责的情况也是一知半解，最后招致周围人的怒喝，搞得我也战战兢兢。

这位司机没有受过的士或者租车服务的培训，虽然他不是恶意为之，但这种情况还是常常引起一些不大不小的麻烦。

HOW TO | 如何突破经营危机
BREAKTHROUGH MANAGEMENT CRISIS

在酒店办理退房手续的时候,酒店方面可能是因为没有弄清楚房费究竟是以谁的名义付了,所以才会致使双方发生矛盾。后来酒店方面最终确认房费确实付过了,这才放我们走。但先前几乎就要把我们当成"住霸王店"的了。

因此,一旦涉及服务业,情况往往就比较复杂,就需要协调各方面的矛盾,也会遇到各种困难。

9 将"顾客第一主义"完全落到实处

稍不留意,"顾客第一主义"也会变成"强加主义"

一仓定先生一再主张,必须要让"穴熊社长"们亲自去客户那里走一走,这样才能了解到顾客的需求和意见。而在商品生产、销售方面也一样,他同样建议,要把"顾客第一主义"完全落到实处。

这个道理在其他经营学中也有被提及,如果不是实际在销售一线进行过指导的人,是不会那么容易理解"顾客第一主义"所蕴含的道理的。一个不留神,这种做法可能就会变成"强加主义"。

经常有营业者只顾向顾客推销"我们能生产的东西"或是"我们能提供的服务",却忘了"顾客至上"的道理,忽略了顾客的需求。

以前,特别是国有的、尚未实现民营化的垄断型行业,有时候行事风格相当傲慢无礼。人们常说:"日本的国有铁路自从转成JR(日本铁道公司集团)以后,情况大有改观。"但国有铁路时期养成的专横跋扈,即使在转为JR以后,还是有所残留。

毕竟在没有竞争对手的时代,想坐火车,除了国有铁路,你找不到第二种交通方式出行。所以,他们的工作态度自然十分嚣张。

第1部
危机突破社长学———仓定的《严酷经营学》入门

被误认为"乘霸王车"而遭到JR职员怒斥

说到JR，就让我想到了这样一件事情。

有一次，我和家人及几位秘书一起出行回来，在东京站下车，年轻的秘书在出站口迎接我们。因为我觉得一个挨一个地过检票口很麻烦，所以就请他事先拜托铁路服务窗口的人，等我们到达的时候打开JR员工专用通道让我们过去。

但是，前来接我的秘书在看到我们后，向我们九十度鞠躬施以最高敬礼，所以当我们集体通过员工通道的时候，秘书只顾着鞠躬，完全看不到周围的情况。当时，旁边恰好有JR工作人员从员工通道穿过，看到我们不打算出示车票就想出站，于是就走过来说："你们打算不出示车票就出站吗？车票可是要回收的。你们到底想干什么？"他把我们当成了逃票乘客一

HOW TO | 如何突破经营危机
BREAKTHROUGH MANAGEMENT CRISIS

般进行教育。

我是让秘书事先跟窗口的员工沟通好,才从员工通道出站的。但是,身为事件关键人的秘书,当时却只顾着对上级的礼仪,而忽略了周围的情况,以至于让我们招来周围人的愤怒。

当时,如果我穿着笔挺的西装,人们还可能觉得我是个体面的人物,不大可能会逃票。但当时正值暑假,我们全家都穿着T恤,完全一副普通家庭的形象。

当时,秘书本可以把这种情况处理得十分妥帖,但他拘于对上司的礼仪,不知变通,却让我们被当成逃票的人,这对我来说是一个耻辱。自那以后,我就再也没有要求过这样出站。

从车站工作人员的角度来看,他们会觉得:"这是什么情况?居然有乘客从员工通道出站,这也行吗?"这种行为的确会让他们生气。但一般情况下,不可能会出现这么一大群人明目张胆地无票乘车,只要稍微动脑子想一想,就应该明白这可能是提前打过招呼了。

如果秘书事先准备完善，跟对方细致地沟通过，就能避免类似不必要的纠纷。当然，能否做到这一点取决于一个人的能力。能力不同的人做相同的事情，最终结果也会有很大不同。

服务行业的确非常不容易。对此我深有体会。

民营化和市场竞争下的"服务大比拼"惠及顾客

在服务行业，让客户感觉到"不愉快"或者"麻烦"是绝不允许发生的事情。就拿刚才的事情来举例，从一般的角度来看，乘客不把车票放回闸机的行为是不妥的。不过，车站工作人员因此就直接来教育乘客的行为，无疑就不是"顾客第一主义"了。

当时如果他们能耐心地询问一句："为什么各位会被允许从这里出站呢？"或许也就不会发生那么令人羞愤的事情了。

HOW TO | 如何突破经营危机
BREAKTHROUGH MANAGEMENT CRISIS

无论是商品生产商还是服务提供商，都有必要时刻考虑一个问题，就是："怎么才能避免让客人感觉到不开心？怎么确保让客户愉快地消费？"

如果完全无视客户的感觉，只从服务提供方也就是"自己的立场"出发，强行让客人接受"我们只能提供这样的服务"，那与垄断行业或国有企业的做法有什么不同呢？这种做法在竞争异常激烈的服务性行业肯定是行不通的。

从这个层面来说，民营化和市场竞争的出现，确实是一件好事。在激烈的竞争下，就会有优胜劣汰，同行业之间的相互竞争会掀起"服务大比拼"，这对经营者来说虽然痛苦不堪，但将给市场带来极大的好处。服务水平跟不上的公司就会破产，生产劣质品的厂家就会逐渐退出市场。这样一来，竞争就能促使行业向良好的方向转变。

第1部
危机突破社长学————仓定的《严酷经营学》入门

牢牢盯紧咖啡"味觉享受",从而大获成功的星巴克

一仓定准确预测的一个实例,就是我们现在所说的星巴克咖啡。虽然星巴克并非是他本人亲自指导的,但他对这个咖啡店走势的预测却一语中的。

20世纪80年代我还在美国的时候,星巴克在美国刚刚起步,当时这只是一家知名度并不高的小店。当时这在日本流行的是只要花一百五十日元就可以喝到的廉价咖啡。这种咖啡在车站前的小摊上就能买到,人们为了节省时间,站着几口就能迅速喝完。

当时售价高达三百多日元的咖啡一般只会出现在咖啡店,店员们会郑重地把它盛放在高档的咖啡杯中为客人奉上。买这种咖啡的人大都会坐在咖啡店闲聊上一个小时。

因此我最初见到星巴克咖啡的时候，就觉得"盛在那么简易的塑料杯中的咖啡竟然要卖三百多日元，太贵了"。但是，作为星巴克来说，他们首先锁定的目标是口味。所以，才会对如何提高产品口味极为注重，而对容器等方面则不太在意。

另外我还听说，星巴克在咖啡制作上有明确的规定，但与服务相关的规定却不怎么到位。由此可见，星巴克有自己独特的企业文化，可以说它是凭借"文化内涵"和"口味"赢得市场竞争的。

围绕着"一美元的咖啡"展开的日本和美国的文化差异

以前，日美两国汇率还是360∶1的时候，美国人经常诧异日本人居然会喝"一美元的咖啡"。因为他们觉得，喝一杯咖啡要花上一美元，这简直就是在抢钱！

第1部 危机突破社长学———仓定的《严酷经营学》入门

对于他们的这种心理，我十分理解。日本公司里通常会有茶水机一样的设备，为员工提供免费茶水。而在美国，人们不喝茶，取而代之的就是咖啡。他们每天都会喝掉好多杯咖啡，据统计，美国人均日咖啡饮用量高达九杯。

可是，日本人没有一天喝几杯咖啡的习惯，如果要喝九杯，而且还是那种"一美元的咖啡"，每天光喝咖啡就要花掉三四千日元，天天这样喝的话，一个月光是喝咖啡的花费就会高达十万日元。这样算起来开销是相当巨大的。也难怪美国人会大惊小怪了。

基于这些原因，在美国，如果咖啡售价过高的话，那肯定是没有销路的。还记得当初我在纽约工作的时候，如果想喝咖啡，大家一般都会选择去麦当劳这种咖啡相对便宜的地方。

因为有这种鲜明的对比，才会让我觉得，在日本咖啡馆消费其实是在支付"场地费"，只要点上一杯咖啡，就相当于付了场地费，然后就可以在里面读书、听音乐或者跟朋友聊天。因为家里比较狭窄，容不下很多人，所以像咖啡馆这类场所实际上也体现了在外边聚会的"日本文化"的一部分。

虽然对"服务"这一部分的认知稍有欠缺,但星巴克凭借着"优质咖啡"大获成功。

一杯咖啡折射出"味道"和"服务"的实力差距

ANA曾经在机舱内为乘客提供过免费的星巴克咖啡,但是后来变成收费饮料后,立即遭到大家"嘘"声一片。航空公司还着实为此迷茫了一阵。

一般来说,机舱内或新干线中提供的免费咖啡,多数味道都不怎么样。而且很多时候,那些乘务员们都会等乘客们将从外面带来的咖啡喝完之后,才向他们推销自己的咖啡。有时候,他们甚至会在列车到站之后才开始推销咖啡。

我觉得以前新干线上的咖啡真的不好喝,可能卖咖啡的人从未喝过,所以不知道那个味道有多差。

正是由于外面买的咖啡好喝,所以很多人才会选择在乘车前先在外面买好咖啡带入车厢。

但是,就算是这种车内销售的咖啡,其业绩也会有天壤之别。有人一天的销售额能达到五十万日元,而有些人一天也卖不出几杯。在产品相同的情况下,"销售时机"和"服务感觉"就能使销售结果出现巨大的差异。

商社时期经历过的、员工宿舍的"机械式服务"

一仓定先生认为,无论何种情况,如果想把正处于亏损状态的公司或是濒临破产的公司重新扶植起来,首先要做的就是对社长的意识进行一番改造。唯有公司上层的意识改变了,公司整体才会往良性的方向发展。

HOW TO | 如何突破经营危机
BREAKTHROUGH MANAGEMENT CRISIS

他强调:"社长必须查清楚为什么自己的产品没有销路,为什么客户会不断流失。为此,积极询问客户的意见就显得非常必要。并且,无论提供的是产品还是服务,首先要站在客户的立场上去感受一下,然后再本着客户至上的原则进行销售。不要只从自己公司的情况出发,应该多为客户着想一下。"

但是,在不追求商业利益的情况下,人们往往会采取相当机械的方式去处理问题。

我还在以前公司上班的时候,最初是住在公司的单身员工宿舍里。公司在东京的赤坂,从宿舍到公司距离很远,上班要花一个多小时的时间。

而且,当时公司下班很晚,即使工作早早做完了,也不能就这样直接回去,下班以后还经常会有人招呼着一起去喝酒。

当时的宿舍管理员是一对夫妻。宿舍在早上七点钟开始提供早餐,所以两个人必须在七点钟前就起床准备,因此他们通常也休息得很早。如果我们晚上回来很晚,就可能给他们带来不便。而且,一到晚上十一点,宿舍就不再提供热水了,以至

第1部
危机突破社长学———仓定的《严酷经营学》入门

于大家喝完酒回来只能洗冷水澡。

我们对这种情况投诉过很多次，但是完全没有任何改善。原因很简单，管理人所做的不是营利性的工作，服务再好也没有额外的钱可赚，所以他们并不重视服务。

另外，早饭从七点钟开始，提供烤面包和日式早餐。但如果七点钟才开始吃早饭，快的话至少需要十五分钟，吃得时间稍微长一点就到七点半了，然后再一起出门去上班。无论多么紧赶慢赶，到公司至少也得八点半了。也就是说，新员工如果吃过早饭才出发，八点半才能赶到公司。

公司的上班时间是九点，八点半到公司已经提前三十分钟了。但即便是这样，仍然是"垫底"的。课长、部长以上的领导们八点之前就到公司了，如金刚大力士一般端坐成一排。而且，老资格的员工也全都来了。与之相比，新员工反而是到的最晚的。

前辈们对此嗤之以鼻："哼，没想到作为一名新员工，居然是最后一个到的。"八点钟开始就坐在座位上的上司也会一

HOW TO | 如何突破经营危机
BREAKTHROUGH MANAGEMENT CRISIS

脸不满。

其实是因为社长会在八点甚至七点半左右召开早晨例会，所以大家才早早地过来等着。

不可否认的是，公司里面的确存在着另一种坏风气。例如，明知道第二天早上有例会，还有人会在前一天晚上故意约别人去喝酒。常有人在赤坂的两三家酒馆阶梯式地一路喝下来，然后深更半夜乘出租车回去，第二天一早昏昏沉沉起来去参加早晨的例会。

听说，之前在其他部门有一位课长，住在日本茨城县取手市的公司公寓里。那个地方在列车始发站附近，距离公司非常远。他如果不能在早上五点钟前出门，就肯定赶不上早晨七点的会议。可是，那位课长总会在会议前一天晚上被叫去喝酒，结果喝得酩酊大醉，常常第二天早上不能出席例会。部下就背地里对他冷嘲热讽："哼！喝得不省人事了吧？活该，体力不行呀！这下起不来了吧！"

在一些竞争激烈的公司里，的确会存在这种"部下故意设

第1部
危机突破社长学——一仓定的《严酷经营学》入门

局让上司无法来参加早晨的例会"的情况。但是，如果过度推辞拒绝喝酒，又会被人说不合群；可是为了跟大家打成一片，又会导致早上迟到，同样也逃脱不了被欺负的命运。这太悲催了。

营业额和利润都处于公司的外围

虽然这例子说得有点远了，但是在很多公司里类似的事情的确不胜枚举。

有些社长对自己的工作理解错位，一门心思地扑在公司内部的事务管理上。这种现象必须引起注意，因为与这类社长会面的对象只限于公司内部人员。而且，这类社长会觉得只要管理好公司内的运营，读读报告，就是将社长的工作做到位了。而一仓定先生却严肃地警告他们："这正是公司破产的根源所

HOW TO | 如何突破经营危机
BREAKTHROUGH MANAGEMENT CRISIS

在，请务必提高警惕。"

他的意思是，这类工作一个礼拜做一次就够了，而且还建议处理这些工作内容的时间加起来不要超过一天。其他时候应该多去跑跑客户，积极推销自己的产品。如果社长一直窝在公司里面，那周围的人也会效仿，结果就会导致工作毫无进展。所以，开会之类的工作一个礼拜一次就可以了，根本没必要每天都去搜集信息，听取报告。

一仓定先生更进一步指出，一般的文书工作是无用的，只有跟外部环境息息相关的文书业务才是有必要的。公司外部的环境发生变化时，员工必须将这些变化信息通知给大家。因为，及时抓住这些信息具有非常重要的意义。而只汇报内部事务的文书报告则几乎不会产生任何附加值。

英语中的"Management"被翻译成"经营管理"。多数人都会觉得，所谓的管理，就只是针对公司内部业务进行的管理。公司领导者管理员工、管理文件，然而这种工作所创造的价值却寥寥无几。

所有会给公司增加营业额、创造利润的业务都存在于公司的外围。抓不住外面世界的动向和心理、不能把活动范围拓展到外部，或者别人不买你的产品、不用你的服务的话，那就没有任何意义。所以大家务必小心并合理地处理能给公司创造实际价值的工作。

一味依赖电脑的危险性

鉴于当下电脑的普及率非常之高，一仓定先生提醒大家："如果不能正确地使用电脑，那将增加很多无谓的工作。所以在使用电脑时，大家需要仔细考虑一下，在使用电脑的过程中，是否真的能产生附加值。"

电脑真正的强项在于能够反复运算，并能准确无误地实施各项确认操作。这种快捷、精准的操作在高速运作的业务中具

HOW TO | 如何突破经营危机
BREAKTHROUGH MANAGEMENT CRISIS

有明显的优势，其便利性大大超过人工。可是，对于要求有创造性的操作，电脑却完全无能为力。很多人往往会忽视这一点，所以这也是大家必须要注意的一点。

在处理创造性的任务时，把电脑作业的部分降到最低，通过人力来解决剩下的内容。在面对工作的时候，最好持有这种信念。

20世纪60年代，大型电脑刚开始进入银行时，这种话就经常有所耳闻：引入电脑作业，就可以达到削减经费、实现轻松办公的效果。然而事实却是，引入电脑后，银行职员的数目不减反增。因为，除了原有的员工之外，还需要增加电脑操作人员，从而增加了工作量和成本。

松下幸之助先生也对此持同样的观点，他曾说："公司每天都将各类数据汇总报告给我，最初我还仔细看了一段时间，后来发现，这根本没必要。报告根本不需要每天都做，一个月提交一次，我就完全可以对公司的情况做出判断了。现在做的这些根本就是无用功。"

所以我觉得，针对这些情况，大家很有必要仔细确认一下"哪些是有用的信息，哪些是没用的"，或者"自己是不是根本就是在做无用功"。

正像一些毒舌评论家所说的："虽说现在电脑行业赚得盆满钵满，发展得风生水起，但却带领全球人民向白痴化大步迈进。"所以，我们很有必要仔细地审视一下自己，如此依赖电脑，究竟有没有必要。

数据处理型判断带来的成功和其中隐藏的问题

当然，有些人用起电脑来得心应手。7-11便利店的会长，同时也兼任社长的铃木敏文先生，就是通过使用电脑分析数据来审阅所有信息的。他通过数据处理来总结每天的销售情况，判断哪种商品比较畅销或者查看销售情况如何。

HOW TO | 如何突破经营危机
BREAKTHROUGH MANAGEMENT CRISIS

据说他也会定期在星期一召开店长会议，但却从不亲自到店里转一转，也从不看同行业其他便利店的情况。当然这个传闻的真实性还有待商榷。可能他觉得，如果7-11的员工到其他便利店参观的话，就会被说成模仿别人摆放货物的方法，因此他只是为了避嫌而已。

我们尚且不去追究这是对是错，但现实情况是，7-11的确在他的管理下经营得有声有色。这世上就有这样的人，只凭一纸数据就可以运筹帷幄，发出"增加这个"或者"减少那个"的指令。

例如，人们都觉得关东煮只有在冬季才能热销，可实际情况并非如此，因为在梅雨季节也有寒冷的日子，这时候，关东煮就开始走俏了。还有，即使进入11月份，但如果天气暖和的话，冰淇淋也会突然畅销起来。所以大家要密切关注天气预报，据此随时调整进货情况。从这点出发，数据处理型的人也会在一定程度上获得成功。但我只是说这一类人确实存在，绝不表示所有人都能做到这一点。

拥有一万家分店规模的便利店巨头,如果不实现一定程度的计算机数据处理的话,运营起来将多有不便。可是完全使用电脑代替人工操作,恰恰隐藏着可以瞬间导致公司破产的风险。

因为不论在何种情况下,人情的变化或是人类兴趣的变化,甚至时代潮流的变化,都会对整个市场产生非常重要的影响,这是单从电脑给出的数据上无从解读的。

10 社长需要对外部环境的变化具有敏锐的感知力

对环境的变化"先下手为强",用"未来型"思维方式进行判断

一仓定先生强调:社长必须对外部环境的变化保持敏锐的感知力,这是社长最重要的工作内容之一。

对普通员工来说,日复一日地重复同样的工作,他们也能

第1部
危机突破社长学——仓定的《严酷经营学》入门

领取相同的工资。但社长不一样，"危机管理"是社长极其重要的任务之一，当外部环境发生变化时，社长必须对此做出相应的举措。

从这个意义上来说，社长必须时刻关注外部的环境有没有发生什么变动，必须经常读新闻或者通过其他方式获取信息，准确把握环境上的任何风吹草动。

新的法律条款颁布实施、政治家替换等这些情况究竟会给自己的公司带来什么样的影响，社长必须对这些问题予以充分的关注和考虑。

普通员工多半不会考虑这么多，作为社长，却必须事先设想一下"政权发生更迭的话，会出现什么情况？""大臣出现变动，又会怎样？""新法律一旦开始实施，会有什么样的情况出现？"对于这些变故，要提前做好功课，未雨绸缪，并做好相应的应对措施，这都是社长的职责所在。

这也是每一位社长需要学会的——凭借"未来型"思维方式去进行合理地判断。

HOW TO | 如何突破经营危机
BREAKTHROUGH MANAGEMENT CRISIS

"社长必须独揽大权"的含义

基于这些情况,一仓定先生还有一个观点:社长必须做到独揽大权。

"独揽大权的社长"通常会被解读为"独裁型社长"而遭到人们反感。但是,一仓定先生所指的并不是这类社长,他的意思是,要以社长一人之力,承担起全部责任。

社长必须有这种意识,即公司的所有责任都在我一人身上。涉及公司的事务,无论大小,任何失败或者错误全部都是我的责任——社长必须有这样的思想觉悟。

因为社长要承担全部的责任,所以一仓定先生才反复强调,社长必须时刻注意外部环境的变化。

第1部
危机突破社长学——一仓定的《严酷经营学》入门

社长不能专注于本职工作是很危险的

2014年9月3日，我在报纸上读到一则关于曾任罗森社长兼会长的新浪刚史先生的报道。

新浪先生出身于三菱商社，曾一手负责罗森的运营，后来被三得利集团挖走，出任三得利公司的总裁。他直到现在也是一位风云人物。

报道称，安倍首相请新浪先生出任经济财政咨询会议的民间议员，并且新浪先生接受了安倍的邀请。对此我十分吃惊，毕竟罗森和三得利可是完全不同的企业，他上任不久，要学习的东西还很多，怎么还能分散精力去政府任职呢？

新浪先生经营的罗森是拥有众多小型连锁机构的零售行业，转行到三得利，他必须对三得利的企业文化做一番了解，

HOW TO | 如何突破经营危机
BREAKTHROUGH MANAGEMENT CRISIS

去学习与酒相关的知识以及从生产到销售的一整套流程。这才是他必须专心投入的工作。

三得利公司正是因为考虑到新浪先生的能力对店铺的扩张和全球战略的推广会有决定性的帮助，所以才会请他出任总裁。然而，一经首相邀请，这位新浪先生就毫不犹豫地接受了政府的职位。原来，他是一位追名逐利且欲望强烈的人，而这种类型的人，会给人一种很靠不住的感觉。这个决定未免也太草率了，如果用股票术语来形容的话，他的行为属于"抛售"。

作为企业领导，哪怕本职工作和权力在不断地增加，还是有很多人渴望得到更多的头衔，热衷于兼任各种委员等形形色色的职位。

当然，有些人的能力足以担负起这个职位，他们在业界有举足轻重的地位，也有相当大的号召力。但我仍然觉得，这些人还是更应该专注于本职工作会好一些。如果对其他事情过于投入，那反而会给本职工作带来不利的影响。

如果下一任领导已经就位，现任的领导正处于退休或者半退休的状态，那么，在这时候去积极参与各种社会活动倒也无妨，而且还能为企业拓展公共关系。但如果不是在这样的情况下，社长兼职太多，而对本职工作不太上心的话，那对企业来说是非常危险的。

11 "软件方面的研究开发"也是重要因素之一

上层领导"亲自坐镇研发"的意义

以上内容主要涉及零售业、服务业以及销售等方面,根据各行业实际情况的不同,我们也可以换个方式考虑问题。

例如,以前日清食品研制速食方便面的时候,社长曾在自家院子里盖了个类似于实验室的小房子,每天从早到晚泡在里面，一门心思地研究"到底用什么食材煮出的汤汁，才能制成鲜美的面汤？"

这种对产品口味的研究，企业领导必须亲自奋战在研发的最前线，至于"交给下边的人随便做做就行了"之类的想法是绝对不可行的。

特别是对产品的口味或性能有相当要求的"研究开发型"企业，根据其实际情况，有时候也需要上层领导亲自上阵。而同时他们还必须负责产品的销售和公司对外的宣传，要做到两者兼顾，确实有很大的难度。

努力研究，日夜不怠

我在日本创立的幸福科学学园在建造初中和高中的时候，由于所选的地理位置不佳，为了吸引生源，学校十分重视基础

HOW TO | 如何突破经营危机
BREAKTHROUGH MANAGEMENT CRISIS

设施的配备，想努力为学员营造出一个良好的学习环境。

另外，由于学校还必须确保学生入学后，学习能力将得到切实提高，为此特别强化了英语教材等软件方面的实用性能。校方在这方面投入了大量的心血，而这些努力也在一定程度上为学校赢得了广泛的好评。

幸福科学大学也一样，单纯从地理位置来看，这所大学未必有优势，所以需要重点增强"教学方面的软实力"。为此我们不断推出一系列其他大学所不具备的课业内容，坚持用心考虑如何为学生提供更加精彩的大学生活。

当然，上层领导绝不能逃避责任，但我觉得普通干部及其他一些相关的研发人员也必须夜以继日地钻研"如何才能比其他大学具有更加明显的优势"。

"只要大学建好，那自然会有学生送上门来"的想法未免太过天真了。据调查，现在的日本大约有四成私立大学的在籍学生人数低于预定的编制。

而且，部分媒体报道，日本文部科学省官员正在考虑逐步取消文科中的人文系和教育系。虽然，报道上述情况的媒体只有一家，但这种新闻只要一出现，就说明未来的情况一定会有变数。

所以，面对难以预测的未来，我们必须从现在开始，切实采取有效措施，以不变应万变。

从这个意义上来说，如果没有充分的使命感，就不能坚定地担负起责任，更无法彻底履行作为上层领导的职责。

12 "危机突破的经营学"视点

我希望各位读者能把上述内容作为参考,好好学习一下"危机突破的经营学"知识。

一仓定先生的《一仓定的社长学》系列著作主要针对社长群体所著,所以普通人阅读起来可能会有些难度。但如果把它当教材的话,或许更合适一些。

对于那些想自己创立小型企业或者研究如何让濒临倒闭的公司起死回生的人们来说,一仓定先生的这一系列丛书,我觉得是有必要学习一下的。

另外，如果是大型企业，哪怕现在处于稳定发展时期，随着世事变迁，也有可能在某一时段面临危机。大型企业的运作原理与中小型企业一般无二，所以最好明白，只凭借经济飞速发展时期的思维模式来经营公司是行不通的。

学习固然重要，实践同样也不可忽视。

我非常深入地阅读了一仓定先生的著作，并且我会不时地将它们拿出来反复重温，每读一遍都会有不同的感想，这正是这一系列丛书的奇妙之处。

大学时期，学好基础课程是理所应当的，但大家千万不要忘记，偶尔接触、学习一下适合自己的其他内容，或许就能从中获取到全新的信息，增进多样的理解。

所以，我才借机在此对一仓定的《严酷经营学》做了一个简单介绍。

第 2 部

德鲁克管理学之精华——创新管理的秘诀

第2部
德鲁克管理学之精华——创新管理的秘诀

1 集团创立初期,所遭遇到的管理难题

使我受到重大冲击的"现代管理学"

前面,针对中小型企业以及那些经营困难甚至濒临破产的公司,我以一仓定先生的管理学理论,就某些问题做了深入浅出的分析。接下来,我想以之前的内容为基础,更进一步地进行阐释,并以此作为一个管理学的入门话题,认真地来谈一谈德鲁克的管理学。

如果把这部分内容当作一项研究课题或者是一门课程的

HOW TO | 如何突破经营危机
BREAKTHROUGH MANAGEMENT CRISIS

话,那么这是一个需要花费相当多的课时才能讲完的课题。

我接触的第一本德鲁克的著作是《管理的实践》,由野田一夫先生担任主编。野田先生曾在某档电视节目中说过:"如果将这本书的内容原原本本地翻译过来,恐怕会有很多人看不懂。所以,在仔细斟酌作者想要表达的意思后,我在原著的基础上,运用更容易让人理解的语言将作者想表达的内容意译了过来。"

从某种意义上来说,《管理的实践》这本书,绝对能够进入给我的经营理念带来重大冲击的著作中的前五名。

创业初期,参加演讲会的人数剧增造成的管理困难

1986年11月23日,我举办了第一场座谈会,当时只有不到九十个人从日本各地前来参加。1987年3月8日,第一场演讲会有大约四百听众；同年5月举办的另一场演讲会，参加人数竟一下上升到了九百多人。

当时，我只租了一间不到十平方米的办公室，雇了两个兼职打工的职员，他们拿着微薄的薪水来帮忙，其他全靠志愿者协助。

然而，参加演讲会的人越来越多，千人规模的会场都快挤不下了。于是，我们不得不采取明信片预约的方式限定参加人数。由于会场空间有限，没有提前预约的人是进不来的。

第一年是这种情况，到了第二年，也就是1988年，即便将演讲场地换成可以容纳两千人的会场，却依然满足不了需求。活动越来越多，规模也越来越大，所有工作全靠紧急招募的志愿者完成，而我也没有时间对他们进行充分的教育和培训。到了1989年，来参加我演讲会的人数已达到八千五百人，这工作量完全超出了当时的团队和工作人员的负荷。

对我来说，来参加演讲会的人数增多的确是件好事。但同时我也深刻体会到，参与人数的过度增加将导致管理上的困

HOW TO | 如何突破经营危机
BREAKTHROUGH MANAGEMENT CRISIS

难。虽然当时我限定了入场人数,可是在不到三年的时间里,人员增加的速度还是远远超出了我的预想。

伴随企业的发展,最初的管理者们一个一个地脱离团队

企业发展初期与现在情况不同。当时我与职员的接触很密切,沟通也很多。我甚至还会亲自指导他们如何工作,有时也会邀请他们来家里吃饭。

但让我万万没想到的是,那些曾由我亲自指导过的人,竟在公司发展后期一个一个地脱离了团队,我原以为他们是能够和我一起奋斗下去的人,可有些人短则一两年,长则三年就离开了。

他们的离开让我感到惋惜,不过,这种现象也变相地说明,企业得到了飞速的发展,而且发展速度已经远远超过了他们的工作能力。他们曾经认真学习、接受我的教导，然而现在却不能胜任本职工作了。

他们有的比我大十几、二十岁，甚至有人比我年长三十岁左右。他们拥有丰富的人生阅历和工作经验，曾是我的左膀右臂，可最终却无法与我一起管理一个极速发展壮大的公司。

随着公司的发展，他们从事的工作内容与先前不同，所以不知道该怎么去做。因此，即便大家齐心协力共同面对工作，却也依然难免失误。

在1991年左右，随着企业规模的扩大，与之密切相关的管理问题也令我陷入苦恼当中。

直至后来，我不得不在发展企业的同时，抽空研习关于企业管理方面的知识。也是从那时候开始，我第一次接触了德鲁克的《管理实践》，并开始一字一句地反复研读。

HOW TO | 如何突破经营危机
BREAKTHROUGH MANAGEMENT CRISIS

从《管理的实践》中获得了一仓定的《严酷经营学》中没有的启示

《管理的实践》这本书的内容确实很难理解。而且，将学者或评论家的意见应用在自己的企业管理上更不容易。

书读完之后，我发现，德鲁克的《管理的实践》与一仓定的《严酷经营学》有着完全不同的地方。

一仓定先生强调的是"在公司运营中所发生的一切问题都是经营者一个人的责任"，因为面临倒闭或产生赤字的企业，它们的腐朽几乎都是从最高层开始的。所以，才应由最高责任人去承担全部责任。然而，从企业成立初期，我作为最高责任人已经在顾全方方面面的工作了，所以从这个层面上来说，我也不知道自己接下来还能做些什么。

第2部
德鲁克管理学之精华——创新管理的秘诀

还记得1991年,我在东京巨蛋举办了演讲会。当时能够举办如此大规模活动的也只有像迈克尔·杰克逊和麦当娜那样的世界级巨星。

其实就场地规模来说,我考虑过国立代代木竞技场,位于代代木的国立竞技场比东京巨蛋还要大一些。但由于国立竞技场是露天的场地,演讲时一旦下雨便是个大问题。后来,我看到人气偶像团体"岚"常常在国立代代木竞技场举办演唱会,下雨天照样吊威亚在空中飞来飞去,我不禁想,自己也应该做到那个程度才行。只不过以我的运动神经来说,吊着威亚从这边飞到那边恐怕会有生命危险。

我也想过在海上邮轮举办大型活动。若是在邮轮上举办大规模的演讲会,打足了灯光,升起焰火,该是多么壮观的景象。

因为每年的"企业周年庆典"都会在梅雨季节举行,所以我总是会担心下雨的问题。如果租借露天场地办活动的话,一旦下雨,活动就只能中止了。因此,东京巨蛋是个不错的选择。

现场要维系那么多人的秩序，还要预防各种突发状况，才能保证活动能够正常进行，这并不是件简单的事，不仅需要更多的工作人员，还需要指挥更多的志愿者共同协作。何况进一步扩大活动的规模，预算也自然成了问题。正当我苦思解决良策，不断地思考着未来应该怎么办的时候，德鲁克的著作让我获得了新的启示。

2 依靠一个人的能力管理组织存在局限性

德鲁克是最早发现希特勒危险性的人

《经济人的末日》一书是德鲁克临近30岁时写就的处女作,也是他所有成就的起点。

当时正值希特勒在德国崭露头角,纳粹党尚是第五党,但德鲁克已然发觉了希特勒的危险性,并在书中做出了警告,由此获得了英国首相丘吉尔和《纽约时报》的盛赞。德鲁克凭借此书,以年轻的天才之姿横空出世。

从20世纪30年代,希特勒闻名世界的时期开始,德鲁克就著书立说,他一直活到近96岁高龄,在2005年末与世长辞。现如今他的思想依然影响着全世界,他果然无愧于"知识的巨人"这一称号,他的作品以及他个人的影响力不断地推动着时代的前进和发展。

而且,从希特勒崭露头角,纳粹主义抬头,引发世界大战最终失败这件事中,德鲁克非常明确地指出,独裁者的管理方式存在着明显的局限性。

常胜将军拿破仑最终败北的原因

同样的情况也发生在拿破仑身上。拿破仑是一代英豪,屡战屡胜,35岁登顶称帝。

拿破仑的军队异常勇猛,打遍天下无敌手。然而,德、英

第2部 德鲁克管理学之精华——创新管理的秘诀

等国却在战争中发现：拿破仑确实很强大，由拿破仑亲自指挥的战斗也的确从无败绩，只有拿破仑没有亲临战场时才有战胜其军队的机会。从此，拿破仑军队的厄运开始了。

如果当时像现在一样，拥有先进的通信设备建立起密集的信息联络网，历史或许有可能会出现不同的结局。但当时相互联络的范围仅限于骑马能够到达的距离，假如战线超过了这个距离，拿破仑就无法了解到战场的情况，他的指令也无法及时传达到军队。

所以，拿破仑的对手发现，当战场与拿破仑之间无法及时互通信息时，军队就等于失去了拿破仑的指挥，这时就有了战胜他的机会。

于是，拿破仑的对手们决定，一旦遭遇拿破仑亲自指挥的军队攻击，就马上逃跑，尽量减少部队伤亡。

对拿破仑的军队来说，敌人逃跑了就等同于我方战胜了，可是这样的胜利并不意味着战争的结束，只有双方正面交战才能彻底击垮敌人，可一旦敌人抵挡不住攻势调头就跑的话，战线就会被拉长。同样的情形反复上演,拿破仑的军队始终无法取得一场决定性的胜利。

与此同时,德军和英军通过袭击没有拿破仑坐镇的军队,来不断削弱拿破仑的战斗力。这种策略直接导致拿破仑的战线被越拉越长,当拿破仑远征俄罗斯时,也由于战线过长,补给跟不上,最终在冬季的严寒中饥寒交迫而惨败。

最终打败拿破仑的是反法同盟联军。因为他们发现,他们虽然得不到像拿破仑这样的天才,但却可以通过严谨的军事训练来培养具备一定素养的上级士官。这样一来,即便打不赢拿破仑,也可以袭击没有拿破仑坐镇的军队,以此逐步扩大战果,削弱敌军的战斗力。

同盟军研究出的作战方案中包含了一项德鲁克式的思想:"天才不是那么容易能够得到的,是可遇而不可求的。"这一思想是德鲁克管理学的根本。德鲁克认识到,人才易得,而天才不易得。拥有天才可以所向披靡,但天才也存在局限性。一旦要做的事超出了天才的能力范围,就容易导致组织运营的崩塌。

这一点并没有明确地被写在德鲁克的著作里，但我想德鲁克必然是这么认为的。

能力的局限性终会导致失败

希特勒不仅仅只是个贫穷的画师，他身上确实具备着某种才能。在第二次世界大战爆发之前，他凭借着独特且丰富的构想力，将在第一次世界大战中遭受了重大打击的德国经济带入正轨。所以，世人对于这个人的评价也是褒贬不一。

希特勒让千疮百孔的德国迅速恢复战斗力，的确拥有非比寻常的才能。

开战初期他电光火石般的战斗能力与日本军事史上的义经、织田信长、丰田秀吉等人十分相像，他们指挥的军队都能够迅速地占领周边战场。

然而，不管是拿破仑还是希特勒，却都在战争中犯了战线过长的错误。德军曾一度打败法军占领巴黎，但守卫法国漫长的海岸线绝非易事，很难预料敌军会从何处登陆，最终，英美联军从诺曼底登陆，苏联也从内陆发起攻击，希特勒遭受到双面夹击而惨败。

即便是希特勒也存在能力上的局限性，只能在视线范围内把握信息和掌控局势，而对于视线范围之外的东西却无暇顾及。

希特勒似乎有些厌恶精英荟萃的德国参谋总部，非要跟参谋总部制订的作战计划对着干，坚持采取自己的闪击式作战方式。他每每打了胜仗就对参谋总部摆出天才的态势。有句话叫作"秀才联起手来也赢不了天才的灵感"，希特勒就陶醉在这种骄傲中不能自拔。

但是，德鲁克很早就看出了希特勒能力的局限性。《经济人的末日》出版时是1939年，正值德国攻陷波兰，当时德鲁克已经预料到希特勒的结局会是"崛起,壮大,败北"。因为他看出了希特勒与拿破仑类似,在能力上都有局限性。

管理赶不上发展速度,注定会失败

果然,希特勒最后的结果与德鲁克预料的一样。最初,希特勒能够成功攻陷并占领邻国,但是一旦开始远征,战线就开始超出他的能力掌控范围,他最终遭遇了与拿破仑相同的境况。

何况希特勒还曾严命秘书说:"夜晚与爱人共枕的时刻绝不许打扰我。"于是在夜间人们完全联系不上希特勒,而诺曼底登陆等事件也正是发生在夜间。

按说发生如此重大的事件是必须要报告希特勒请示命令的,但谁都因为担心性命不保而不敢叫醒希特勒,由此联军才得以成功登陆。这也就造成了希特勒的败局。这既是军事上的失败，也可以说是管理上的漏洞所造成的失败。

不过，我们也不能完全否定希特勒这个人，毕竟他带领德国走出了第一次世界大战惨败的阴影，迅速振兴国家经济，提升综合国力，这方面是值得赞许的。

希特勒按照凯恩斯的建议，在德国全力建设高速公路，也就是现在所说的"增加公共支出"。日本也采取过相同的做法，通过增加公共支出和就业岗位来拉动经济。

将增加基础建设来促进经济发展运用于实践的第一人正是希特勒，德国一战后的经济快速恢复证实了凯恩斯理论的正确性。

松下幸之助肯定了希特勒的经营能力，但是对于其管理能力，他说："最终导致希特勒失败的原因，在于组织发展得过于庞大，超出了他的治理能力。"

第2部
德鲁克管理学之精华——创新管理的秘诀

希特勒的结局与织田信长类似

抛开善恶不说，我也持有类似的观点。

希特勒末期的最大问题在于陷入猖狂的混乱管理之中。他敌视犹太人，通过迫害犹太人来谋求群众的向心力，从而笼络人心，这种做法与日本历史上有名的政治家织田信长有些类似。

织田信长打出"天下布武"的旗号，与各方战斗，持续的紧张气氛使他的战斗神经越来越紧绷，甚至达到了夜不能寐的地步。

或许正因为如此才导致他在末期杀戮手段越发残忍，动辄暴怒、杀死部下，在攻打一向一揆和比叡山时，甚至在神佛清净之地纵驰兵马。他的种种暴行使他逐渐失去人心，最终惨败收场。

HOW TO | 如何突破经营危机
BREAKTHROUGH MANAGEMENT CRISIS

我持续在东京巨蛋举办演讲会，所承受的压力已经接近极限

1991年，我开始感受到类似的情况发生在了自己身上。在东京巨蛋持续举办演讲会对于我来说已经接近极限了。

很多明星通常会选择在东京巨蛋举办毕业音乐会、告别演唱会等活动。然而，我每半年就在东京巨蛋举行一次演讲活动，这与演出完全不同，是件非常辛苦的事情。这就好比深潜海底承受巨大水压的潜水艇一样，我感到自己所承受的压力快到达极限了。

《管理的实践》是促进经济发展的"经济圣经"

在企业迅速发展的阶段,我深刻感觉到,自己必须要找到解决问题的方法,因此我研读了《管理的实践》一书。

实际上,这本书的确促进了不少企业的蓬勃发展,称得上是"经济圣经"。就目前为止,世界上很多大型企业的创始人,在创业初期都曾拜读过德鲁克的《管理的实践》一书,甚至有很多人都到了把书翻得破旧不堪,不得不重新买一本的地步。

例如,从一家小药店做起,最终创立日本最大的超市集团——大荣集团的中内功先生,也读过这本书。还有很多大企业创始人也是以德鲁克的管理理论为依托,建立了自己的企业。

甚至有人说，现在八成的管理理论，都是德鲁克早已阐述过的内容。有太多人是通过学习德鲁克的管理理论创立了大型企业，并成功经营至今的。

3 德鲁克管理学的要点

察觉组织力量的薄弱环节,全面开展组织建设

如何管理组织?如何引领组织步入正轨?我曾深刻思考过这类问题,为了找到答案,我认真地钻研了德鲁克的著作。下面我就谈一谈我当时的心得。

创业初期的情况是社长一人统领全局,通过我个人大胆地管理来聚拢人气,实际上也确实达到了非常好的效果,会员人数也有了大幅度的增加。

HOW TO | 如何突破经营危机
BREAKTHROUGH MANAGEMENT CRISIS

当人们前来参加我们的活动、阅读我们的书籍和资料时，我们都会非常热情且细心地接待，并向他们一一介绍公司的宗旨等一系列相关信息。因此，创业初期就在社会中竖立起了非常好的形象。

然而，我当时的独当一面也造成了组织力量的严重匮乏。这种一人唱独角戏的局面持续了相当长的一段时间，这令我不得不去认真地思考，应该如何改变这种局面。

公司成立三年后，曾经熟知我的人、曾经认真聆听过我教导的人，逐渐开始无法胜任本职工作，开始一个一个地脱离团队。公司发展得越大，他们就越无法胜任工作，以至于到最后被一步步地甩在了队伍的最后面，落后的速度超出了我的想象。

虽然我明白每个人都在自己的岗位上付出了辛劳，但是，培养人才与企业发展壮大往往难以同步。

公司发展成大型企业之后，每年都会对员工进行培训，并根据情况完善企业文化。或许你会认为那些从大公司跳槽过来的职员不会轻易地被落在后面,事实上,这些人中具有高速成长的组织建设经验的,毕竟只占少数。

一句话总结德鲁克思想——建立起必胜的体制

通过研读德鲁克的《管理的实践》,我学到了些什么呢?

德鲁克看到了希特勒式经营中的能力极限,并以此建立了管理学体系,简明扼要地说,就是以"单靠一位天才,企业的经营无法长久"为前提去构建他的理论体系。他告诉人们,不要过于依赖天才。

针对这一点,社会上会有不同意见出现,但德鲁克却说:"管理者如果只依靠灵感或者直觉进行管理,这在现代的经营管理上是行不通的。不要依靠直觉,要去争取那种无须依靠直觉就能取得的成功。天才型的管理者可以依靠直觉获得成功,但这种做法毕竟不是长久之计。"

由于我的灵感一直比较充沛,所以,从某种程度上来说,公司的发展也是依靠着我的"直觉"而前进的。我并不完全否定依靠直觉进行管理的论调,所以在这方面我与德鲁克的意见会有不同。另外,他还说过要建立组织体制,构建教育、培训模式。一言以蔽之,要建立起一个必胜的体制。

德鲁克的管理模式是现代经营领域的"孙子兵法"

德鲁克的管理模式可以说是现代经营领域的"孙子兵法"。

《孙子兵法》简明扼要地阐述了什么样的兵法能打胜仗;什么时候应该撤退,什么时候能够获胜;什么情况下应该采取什么样的对策等用兵之术,以及察觉后期部队、战胜机会的方法等。熟知了这些作战方法，人的思维方式将发生天翻地覆的变化，因此读与不读、学与不学的人差距相当大。

将孙子兵法套用到象棋上，就等同于棋谱。学过棋谱、懂得上百种路数的人与完全不懂的人下棋，实力差距一目了然。兵法也是一样，熟读兵法的人更能赢得胜利。

因此，古时候识文断字、多少懂得一些武术、知晓如何用人的人在学习了《孔子兵法》后，往往就能在战斗中取得胜利。

现在，美国的军队依然在学习《孙子兵法》。先前在海湾战争等担任司令官的诺曼·施华蔻将军以及前美国参谋长联席会议主席鲍威尔都曾研习过这本书。至今，很多政要依然很看重《孙子兵法》。

《孙子兵法》里提到"地利"这一点："在地理优势上占据高处者比低处有利，背对太阳作战者有利，作战时要避开沼泽地等死地"等。当然其中也提到了反转局势的兵法，韩信的"背水一战"就是很成功的运用实例。书中写道：背对河流作战有可能全歼敌军。敌军渡河的时候，要等到敌军渡河渡过一半时发动攻击，如此便可以一举击溃敌军等各种作战方法。具备一定能力的人，如果能熟读《孙子兵法》，那么他的管理能力肯定能更上一层楼。

当然，个人资质、能力的不同，对孙子兵法的理解和运用也不尽相同。

德鲁克就是编撰了现代经营领域"孙子兵法"的人。

现在，德鲁克列举的具体案例已渐渐落后于时代。在未来，或许企业会出现不同于股份制企业的形态，管理模式也会发生转变，但只要还有组织存在，德鲁克的"兵法"就能以其他方式继续被运用到管理上。

第2部
德鲁克管理学之精华——创新管理的秘诀

培养"未来的经营负责人",才能让企业发展壮大

德鲁克的主要思想是:运用管理取得成功需要兵法,而能够运用兵法取得成功的话,那就不需要天才了。

这句话的意思是,如果能够确定工作方法并让其他人掌握的话,那么最高管理者的想法、设想就都可以交给其他人去完成。换句话说就是要"培养管理者"。

德鲁克强调,必须培养管理者,培养出未来可以掌管企业的管理者。

即便当前这一刻手下只是刚刚招聘来的、毫无经验的新员工,只要把他们当成"未来的管理者"去培训、教育,也是绝对能够培养出来的。

德鲁克在著作中写道:"任命新的管理人员时,即便他起

初无法胜任，感觉还不如自己一个人去做反倒比较快，但让他积累几年经验后，一定可以成为称职的管理人员。"

德鲁克明白，在最高管理者的眼中，总觉得某些新的管理人员不太可靠。正因为德鲁克熟知这一点并将其写进了书里，我才恍然大悟，从此才敢大胆启用各式各样的人担任管理职务。

有些缺乏工作能力的人，会因部下"犯上作乱"而被"踢出局"。在这种情况下，或许把他提到管理职位上是早了些。但是，给他些时间，让他在各方面积累经验，也是可以把他培养成合格的管理者的。

我们集团自创立至今已有三十年，期间培养出了非常多的管理者。只不过，我的公司是一个相当具有流动性的组织，由于不断尝试新的领域，老员工在新领域也就成了新人。对此我采取的方针是，先让其在管理职位上历练，在实际工作中边发现问题边纠正，逐渐让工作模式变得成熟起来。

工作能力强的人能够自行开发新的工作，也有的人始终摸不到工作中的门道。在不断的人员更替中，工作模式也将逐渐成型。这时，如果在同一领域即便有人员更替等情况发生，也不会影响到正常业务。而这方面也正是让我费尽周折的地方。

因此，能否培养出出色的管理者，这对企业来说是很重要的，否则企业将无法继续发展壮大。这就是我阅读德鲁克著作时的一大收获。

能力互补，就能成立管理团队

德鲁克曾说过，作为一名管理者需要具备五六种能力，但是，没有任何一个人能够同时具备所有的能力，大多数人都只具备一项，最多两三项。

比如说，有一个管理者是PR(公共关系)的天才。他担任电视节目的嘉宾，与各界人士谈话，在人前大力宣传，逐渐有了名气,为企业的PR做出贡献。可是,假如让他同时兼任研究开发的工作就没那么容易了。

研究开发是在幕后付出辛劳的工作,让一个人同时兼任宣传与研究开发这两项工作确实很难。

又或者,让一个在销售第一线上挥汗如雨的人同时担任财务工作,这也几乎是不可能的。因为身为财务人员考虑的是"这笔交通费可以省下来""那笔机票钱可以省下来",而销售人员考虑的则是"如何提升销售业绩,创造更多的销售额",因为思考问题的出发点不同,所以很难同时照顾到两方面。

一个人的优势最多只有两三项,不可能同时具备更多能力。所以,作为管理者,首先要明白自己的优势是什么。

与此同时,遇到自己不擅长的部分,就要学着与其他人互补,这样才能组建成一个团队。当然,一个相对完整的团队最少需要三人,一个负责内部管理,一个负责销售,还有一个负责产品开发。

德鲁克说过："首先要组建管理团队,然后再把工作交给部下去完成。"

这一点给了我很大启发,作为最高管理者,就要倾尽全力去管理一个组织。

4 组织生存下去的必要条件之一：创新

如何开展创新

在一仓定的《严酷经营学》一书中，有写到一点"不能光用嘴说"，意思就是只向部下口头传达指令是不行的。在一仓定担任过顾问的大多数企业里，都存在缺乏工作能力的员工，而且为数不少。他给出的建议是：管理者一定要把指令落实到纸面上。

因此，我在20世纪90年代写下了大量的便签。接受指令的人如果记不清我说过的内容也没关系，事后只要看看我写的便签就行了。便签上写清了在处理工作时需要注意的事项，如此一来，整体工作就能顺畅地进行了。

后来，担任管理职位的干部们，也会把我在管理层会议、干部会议等会议上的讲话记录在纸上。据说，至今为止类似便签已经积累了很多。

所以在工作中，即便我不能现场指导，他们也能以我在会议上所提出的指示及内容为依据，向部下传达指令。

也就是说，就算我本人的想法发生了变化，部下们依然能够按照我之前的指示进行工作。当然由此也出现了一些我认为必须纠正的错误。

通过制作工作流程手册让每个职员都能照此学习，这点固然很重要。但公司毕竟是一个不断变化的组织，而所谓的工作流程手册，也会随着公司的扩大和变化而变得陈腐、跟不上企业发展，因此才更需要创新。

然而如何开展创新又成了新的问题。

HOW TO | 如何突破经营危机
BREAKTHROUGH MANAGEMENT CRISIS

由于出现了上面说到的问题，我开始采取能够尽量与更多人交流的方式来促使创新。因为创新需要转变思想，然而关起门来开会，再让某个人口头传达会议精神，这样做的话，最多只能传达一部分会议内容而不会是全部。

所以，在之后的工作中，我既发表针对客户的讲话，也发表针对职员以及有关运营的讲话。虽说设定"该讲话仅限职员"等限制是事务局的工作，但我必须不断发表讲话才能把我的想法传达给所有人。

在1989年末至1990年初，企业创立初期的这段时间，我经常在秘书部工作并参与实务，几乎亲自完成了所有事务工作上的决策，等之后公司运营渐渐步入正轨后，我才逐渐把这部分工作委派给了其他人来做。

创新就是一个像这样进行多方尝试，逐渐演变的过程。

第2部
德鲁克管理学之精华——创新管理的秘诀

德鲁克阐述的创新本质是"体系上的推陈出新"

德鲁克说过,"人们普遍认为创新就是'创造崭新的事物',其实不尽然。创新的本质应该是体系上的推陈出新。"也就是说,在必要的时候,要果断摒弃组织沿用至今的一切做法、秩序和方针,这才是真正的创新。

关于这一点,亲历过企业发展壮大过程、不断开拓新业务、不断扩大规模的人都能理解,然而对于那些在规模始终不变的老企业里,一直沿用同一种工作方法的人们来说,却是一句不明就里的话,他们完全无法明白这句话的真正意义。

体系上的推陈出新,就是要摒弃旧的运营模式才能推动企业前进。如果企业沿用一贯的做法,并在此基础上再逐渐积

HOW TO | 如何突破经营危机
BREAKTHROUGH MANAGEMENT CRISIS

累,必定会阻碍企业发展。

因此,能做到"摒弃"是很重要的。在企业发展到一定程度时,就连曾经让公司成功过的思维模式在内也要果断摒弃。

亲手抛弃曾经让自己获得成功的东西,这的确很痛苦。但想在日新月异的时代,在竞争激烈的业界中,让企业更上一层楼,就必须做到这一点。当新的竞争对手采用新的商业手段向自己发起挑战时,依然沿用老一套的做法注定会失败,唯有采取新的应对方式,才能有战胜对手的可能性。

完美的组织是什么样的

说起创新,我们集团也曾掀起过一波又一波声势浩大的创新浪潮。

我曾大刀阔斧地对企业进行过"破旧"和"改革",对于在工作方面不知变通的人或是不再适合本职工作的人,必须重新进行岗位上的调配。因此,我进行了数次管理职位上的调整,在此期间,离开公司的人也有不少。同时,这也让我明白了管理企业绝不是件轻松的事。

大家都以为,曾经威风八面的管理干部和我的那些左膀右臂们离开了公司,就会对公司的运营造成严重的影响。然而不可思议的是,他们的离开并没有影响公司的正常运转,因为在此期间有无数能力更强的新人补充了进去。

长期从事同一种工作容易使一个人思维固化并难以转变,重新调配后,员工们顺应新的模式并开始新的工作内容,不得不调整自己,转变思维,自然能让工作更显顺畅。

现在,集团的人事安排和员工教育在一定程度上已经稳定下来了,不会再发生像以前那样混乱的局面。但在企业创立最初的十年当中,若问管理干部辞职后会不会对公司的运作造成困扰?答案是肯定的。但从长远来看,他们的离开反而更有利

HOW TO | 如何突破经营危机
BREAKTHROUGH MANAGEMENT CRISIS

于企业的发展。

用"老龄化引发的弊端"来形容这种情况或许不恰当,但是,一个工作做久了,人的思想和行动方式很容易陷入逐渐固化且难以转变的状态。人们很难抛却曾经让自己获得成功的经验,并且如果用过去的成绩和经验教育新人的话,新人必定会模仿同样的做法,这么一来对公司的发展将会非常不利。

所以,一个组织的最佳状态,就应该是让人才遍地开花,像变形虫一样不断演变,没有年龄、性别差异,并且汇聚了各方人才。

这个目标不容易达到。在依然讲究论资排辈的旧型企业中工作的人,如果不能耐住性子慢慢地往上爬,是很难坚持到退休的。以前财阀系的企业中大多都存在着这种情况,员工的升职速度非常缓慢:通常是20多岁进入企业,一步步慢慢往上爬,直到60岁左右退休,在企业工作将近40年才能混个一官半职。积累几年管理经验,并在经过层层筛选后,少部分人会升职为常务、专务，最高当上社长，这种更替差不多四年到六年左右一次。这就是旧时财阀系企业固有的模式。

然而从20世纪90年代日本泡沫经济破灭后，一直到21世纪，IT企业如雨后春笋般出现，涌现出一批年轻的企业管理者。年轻人不断创立新企业，并带领企业急速成长、扩大规模，思维模式也产生了相当大的变化。

当然，其中也存在由于太过超前而导致失败的例子。比如创立"活力门"的崛江贵文，曾委派入社刚到一年的新职员担任加盟企业的社长等重要管理职位，结果由于企业发展过于迅猛，而且对管理人员培养的时间不够而导致了失败。

所以，作为企业管理者，一定要学会如何在培养人才的同时带动企业发展壮大。

HOW TO | 如何突破经营危机
BREAKTHROUGH MANAGEMENT CRISIS

异质性事物的结合也能促进创新

德鲁克所阐述的创新方法是体系上的推陈出新,并没有涉及发明和发现方面。

理科上常说新的组合能促进创新,意思是当异质性事物相互结合后,所产生的崭新事物也是一种创新。

也就是说,通过结合异质性想法,来促进崭新事物的产生。这不同于刻意制造创新,而是通过组合完全不同的事物来看一看能够产生什么样的化学反应,由此促进创新。这点是非常重要的。

关于这一点,德鲁克是从另外一个角度阐述的,他说:"仅靠学习和积累管理经验,并不足以促进创新。"

他还说:"要博学广闻,对各方面知识保持旺盛的好奇心，不断扩大学习领域，否则将难以做到创新。"

创新当然需要了解正统的知识和信息，但仅靠这些还是不够的，还需要顺应时代的变化，观察各种流行事物，并从中探寻创新的灵感。

换句话说，就是要不断地研究、思考其他行业的事物或者创意，看能否应用到自己的领域里，要不停地思考，如何通过结合不同的事物来促进创新。

5 组织生存下去的必要条件之二：营销

营销指的是开发客户

关于"让企业或组织生存下去的必要条件究竟是什么"这一问题，目前为止存在着很多种观点，但任何一种观点都脱离不了"创新"和"营销"这两方面。

德鲁克强调，只要企业存在，创新和市场营销就会如影随形。这一点非常重要，决不能忘记。

世界在不断地进化，竞争对手也在不断地进化，与此相呼应的需求也同样在不断变化。始终沿用一种经营管理模式的企业迟早会失败。因此,创新是不可或缺的一环。

另一点是市场营销。关于市场营销,德鲁克和一仓定的观点是相同的,我想一仓定也一定是受到了德鲁克的影响。他们同样认为:营销所指的就是开发客户。

德鲁克曾经说过:"事业的最终目的是开发客户,否则事业将无法维持下去。"由此可见,开发客户是推动营销的关键。

开发不出客户必然会导致商品滞销或没有人愿意来享受服务的局面。比如,把造好的火车放在车库里,什么都不做的话,是不会有乘客来乘坐的,这样做根本没法创造收入,必须要让它行驶在轨道上,准确遵照时刻表来运行,这样才会有乘客来乘坐火车,同时也会有效益产生。

我们不只要制造商品,还要懂得如何去销售它,懂得如何利用产品的优势来赢得客户的青睐。正如德鲁克明确指出的那样:"开发客户才是事业的最终目的。"

HOW TO | 如何突破经营危机
BREAKTHROUGH MANAGEMENT CRISIS

不能增加客户，内部改革也就失去了意义

德鲁克的《管理：使命、责任、实务》一书，有的版本将它分成了上、中、下三册。其内容很有难度，许多人都难以理解。

有些社长认为公司的经营管理方式就是往文件上盖章，最多把所有文件都过目一遍。像这种把盖章当成管理工作的经营管理者，他们对于管理的认识还过于浅薄。

要知道，管理或者事业的最终目的应该是开发客户，所有的成果都来自于外部。仅仅关注企业内部，不能从外部获得成果，把目光集中在调整文件流程和人事调配等工作上的话，既不能提升销售额，也开发不出客户，这对公司发展都是不利的。

当然了，如果通过这种方式能切实增加客户的话，则另当别论。但若只是一味地关注企业内部事务，则起不到任何效果。

这种误区普遍存在。很多社长和管理人员都误以为，企业管理仅限于企业内部，这简直是大错特错。德鲁克早就已经为我们敲响了警钟。

唯有增加客户才能推动事业发展，若眼睁睁地看着客户被抢走，等着你的就只有失败。

请不要忘记德鲁克的话。

要想取得成果决不能偏离核心

德鲁克也曾说过："要想取得成果，必须把力量集中到一个核心上。"同样地，一个人如果想要取得优秀的工作成绩，就必须专心钻研本业。

德鲁克13岁的时候,学校的老师问他们:"你们长大之后希望自己在哪个领域被世人记住?"孩子们五花八门的答案应有尽有。而德鲁克却唯独记住了老师这个独特的问题。

老师说:"如果你50岁时仍然没有找到答案,那么你的人生就是失败的。"也就是说,当你已经50岁了却依然不了解自己,不知道自己真正想做什么,不知道自己最想在哪个行业被世人记住,那么你的人生就不能算成功。

你可以不断地进行多种多样的尝试,但必须始终牢记"自己最想在哪个领域被世人记住"这个核心。

只不过,毕竟每个人的情况各不相同,德鲁克强调"集中精力在一件事情上"也似乎有些极端了。

6 知识和时间是宝贵的经营管理资源

如何抓住知识要点，在短时间内吸收丰富多样的知识

除了之前提到的观点，德鲁克在另外的场合还说过："知识和信息是经营管理的资源。"这句话意在指出，机会、机遇等都属于经营管理资源。

如果把知识和信息看作是宝贵的经营管理资源的话，那么，掌握了在短时间内抓住知识要点、吸收丰富多样的知识的方法，就能够使自身能力获得大大的提升。所以，要学会坚持努力钻研正确的学习和吸收知识的方法。

运用同时并行处理事情的方法,我学习了很多知识。毕竟一天的时间是有限的,我希望自己在有限的时间内尽可能多地做一些事情。

时间作为经营管理的资源,每个人拥有的量都是一样的,所有人的一天都是24个小时。假设大家的寿命也都一样,那么,如何更有效率地运用有限的时间创造出更多的财富和价值,这就和每个人的能力息息相关了。

我们必须争取在同样的时间内创造出更多的价值,至少对于企业管理者来说,要想让事业发展壮大,就必须比普通职员更懂得如何有效地利用时间。

将工作委派给部下，自己处理附加价值更高的工作

企业管理者如果提高了自己的时间价值，就等于让自己拥有了比别人更多的时间。

单纯地想一想，其实工作也分三六九等，职务越高就越应该把时间花在更重要的工作上，把那些不需要自己亲自处理的工作委派给部下或者薪酬更低的职员去做。也就是说，要懂得如何使用部下。

基本上，如果高层不努力，不能把时间花在更高附加价值的工作上，就无法提升整体的工作水平。

一项新业务在启动初期，最高管理者要发挥挑战精神，敢于承担风险并做出关系到企业全局的重大决策。等当业务流程逐渐成熟起来，就不需要每次都由领导者出马了。在最初由社

长亲自处理的工作逐渐成熟后,要逐步下放给高层管理者,再一步步下放至管理层。当业务逐渐定型、常规化后,就能够一级一级地委派给部下去做,这样就构建成了金字塔形的企业内部架构。这是企业迈向大型企业的必经之路。

每个大企业都曾经历过这个阶段,而始终停滞在一人挑大梁的中小企业或微型企业则难以发展壮大。

所以,一定要深知时间的价值,职务越高的人,就越要努力提升自己的时间价值,不要白白浪费时间。

在提升时间价值的过程中要同时关注周边的变化和时代的趋势,这些事情看上去像是浪费时间,但忽视这一点就无法激发创新的活力。

第2部
德鲁克管理学之精华——创新管理的秘诀

未来就在当下

德鲁克说过:"根据自己的经营管理理论去预测未来的人,是不可信的。"

德鲁克在出版第一本著作之前,曾是一名经济记者,一边上大学一边采写经济新闻。听说,由于他对股价的判断出现了严重的失误,导致自己和别人遭受了重大的经济损失。所以,自此之后,他发誓再也不干投机性质的事情了。

也因为这件事情,他暗下决心再也不去预测什么未来,而是把精力放到研究更加严谨的学问上。

晚年的德鲁克称自己为"社会生态学者",很多人都信以为真,其实他不过是在开玩笑。

他喜欢把自己比作《浮士德》里那个城楼的守望者,称自

HOW TO | 如何突破经营危机
BREAKTHROUGH MANAGEMENT CRISIS

己为旁观者。他这是在说笑，其实在本职工作上他是一名合格的管理学家。

由于曾经的往事，德鲁克对预测未来、感知未来等行为敬而远之。他主张"未来就在当下"。他说："要想预知未来就好好地研究当下吧，因为未来就发生在眼前。所以，要去感受已经发生的未来，并努力寻找正在发生的未来吧。"

苹果和微软都起步于微小企业

当企业发展到一定规模时，谁都能一眼看出其变化，其实眼前的小企业、小店铺之中也有可能隐含着将来广为流行、急速发展的东西。

比如日本的优衣库，最初就是从宇部市的一家服装店起步的。创始人柳井正先生从父亲手中接过这间小小的店铺时，不甘心自己堂堂一个早稻田大学政治经济系的毕业生,在一家小小的服装厂终了一生。因此,他立志打下一片天地,率领优衣库不断扩大规模乃至进军海外,实现了自己的抱负。

所以,不要小看小微企业,因为未来可能就隐藏在那里。

日本的大荣集团也是从一间小药局开始,并逐步发展壮大的。所以说,人的一生完全有可能实现从小做到大的目标。

还有很多IT企业最初只有三四个人,比如史蒂夫·乔布斯最开始是和一两个同事一起在自家的车库里创立了苹果公司,当时谁也没有预想到苹果公司能够发展到现如今的规模。

如果有人能早在车库时期就洞察到乔布斯的天才以及未来苹果公司的成功,那么他肯定能够大赚一笔。

还有比尔·盖茨的微软公司,最初谁也没有注意到这个微乎其微、依靠从大企业IBM那里分一杯羹来维持运营的小公司。当时的IBM专注在硬件,也就是大型计算机的销售上,对软件不感兴趣,认为硬件远远比软件更重要,庞大的IBM帝国

HOW TO | 如何突破经营危机
BREAKTHROUGH MANAGEMENT CRISIS

骄傲地认为自己能够通过制造计算机来统治全世界。

于是比尔·盖茨趁机宣称"软件没什么大不了的，花不了多少功夫"，并悄无声息地附着在IBM身上获得了这部分工作。最终，微软在不知不觉中，一举逆转了自己与IBM的地位。

收集信息，推广经验，关注流行趋势

其实，越容易被蔑视的微小之处，其中越有可能隐含着改变未来的种子。

所以"不要企图预测未来，因为未来就在当下"。要在种子即将破土而出的阶段，就洞察到被埋没在黑色泥土下面的萌芽。这就是德鲁克主张的处处留心观察的社会生态学。通过观察四周的动态，来把握未来的流行趋势，并判断眼前的事物到底是不是昙花一现。

"未来就在当下"这句话是说要注意观察当前发生的方方面面，并从中收集信息、推广经验。这一点对于经营管理者来说是非常重要的。

德鲁克预言"知识将成为一种经营管理资源"

德鲁克早在20世纪70年代前后就曾预言："知识将成为未来重要的经营管理资源。未来是知识产业的时代。"

然而，当时很多人都不明白"知识是一种经营管理资源"这句话的意思，更不相信知识能够创造财富。人们普遍认为"人力、物力、财力"才是经营管理资源，后来又加上一条"信息"。

如今，时代已经从第一产业逐步演变到第二产业、第三产业，也就是从农业、工业转移到商业服务业上。在未来，信息产业能够创造出更高的附加价值，并涌现出一批高收入人群。

即便同为服务业，单纯推着小车卖咖啡的传统服务行业与信息产业中的服务行业也是不可同日而语的，后者才是未来的趋势。

将"信息"转化为"知识"，从而创造出"价值"

正如德鲁克所说的"书本中的内容不是知识，而是信息"，这一点要格外注意。

他说："这些信息本身创造不出价值，阅读本身也创造不出价值。只有能够思考如何运用这些信息，并将它转化为某种产品，或者开拓出新业务，才称得上是将信息转化为知识。将信息当作某种触发点去开发出新产品或充分发挥它的价值时，才是将信息转化为知识的过程。"

有些人认为,只有印在书本上或者电视里播出的东西才是"知识",其实那些都只是信息。唯有通过运用这些获取到的信息去开发出产品的这个过程,才能称得上是"知识转化为生产价值"。所以说,知识是一种经营管理的资源。

因此,甄别信息的眼光和发掘信息的价值是一种重要的能力,关于这一点我也曾说过。

我常提醒大家,单纯地阅读不过是消磨时间,因为它创造不出任何价值。不做工作光看书打发时间,天长日久下去搞不好会成懒骨头。

要是当个啃老族,年过三十还不肯出去工作,一味地赖在家里看书,看上去像是在学习,但其实根本不是那么回事。

只有通过阅读发现知识或者有利于工作的东西,才称得上是在工作。

要将信息转化为知识,再运用到实际工作当中去创造出价值,这一点是非常重要的。

HOW TO | 如何突破经营危机
BREAKTHROUGH MANAGEMENT CRISIS

推动改革，让大学能够产出更多的价值

我觉得这部分内容对于如今的日本大学改革很重要。

很多人都自称研究员，翻看下东京大学的资料，教职员工人数竟达到了一万人左右。虽然里面可能包含了事务人员，但这个人数差不多与学生人数持平，甚至已经到了可以与学生进行一对一授课的地步了。

但实际上真正授课的老师并不多，大多数都自诩为"研究员"，顶着"老师"的头衔去做别的事情了。但是，仅仅收集信息或者阅读根本算不上是工作，所以大学管理者必须在这方面提高要求才行。

第2部
德鲁克管理学之精华——创新管理的秘诀

近年，日本发生了理研的小保方晴子事件[1]。日本理研每年的研究经费高达844亿日元，其中九成来自日本国民的税金。小保方晴子事件发生以后，国民不得不质疑税金都花到哪里去了。

既然花费了800多亿日元研究经费，那就必须取得更有价值的研究成果才对。

同样的问题也发生在大学校园里。用德鲁克的话来说就是：必须将信息转化为知识，从而进一步创造出价值。

在这方面，日本的大学需要重新审视自己的管理模式，在利用知识创造价值方面做出更多努力。

---

[1] 小保方晴子事件：2014年初，日本理化学研究所的小保方晴子发表了两篇有关日本研究者发现制备多功能干细胞新方法的论文，这引起学术界震动和质疑，后被证实数据造假，从而引发了一系列社会舆论问题。

HOW TO | 如何突破经营危机
BREAKTHROUGH MANAGEMENT CRISIS

发掘具有普遍性并且有利于创新的信息

现在,获取信息的途径并不仅限于书本了,电视、手机等都是获取信息的渠道。但仅仅是收集信息还不够,因为单纯地收集信息只是消磨时间、耗费精力而已。

要学会对信息进行一定量的筛选,不要关注那些毫无意义的信息,而要注意发掘具有普遍性且有助于创新的信息。通过发掘这样的信息,并将其转化为新的知识,这才是有价值的。

所以,要时刻张开收集信息的天线,不断思考"什么能够应用在工作中"。

坚持不懈地做出这样的努力,不断累积经验,才是促进企业创新和成长的秘诀。

第2部
德鲁克管理学之精华——创新管理的秘诀

关于德鲁克的管理学还有很多值得讲的内容,这里,我主要是将主干部分提炼出来着重讲了一下,希望对大家能有所帮助。

第3部

松下幸之助的发想——经营成功学的原点

第3部
松下幸之助的发想——经营成功学的原点

1 学习"松下幸之助的经营哲学"

松下幸之助先生的经营思想对我的影响

我在企业创立及发展的过程中受到过好几个人的影响,除了之前提到的一仓定先生和德鲁克之外,对我影响尤为深远的一位就是松下幸之助先生。由于他去世有一段时间了,所以一部分年轻人可能不熟悉他。松下幸之助先生于1989年去世,他一手创立的松下电器于2008年正式改名为"Panasonic"。

改变公司的名字很容易使公司被人们遗忘,但公司方面大

HOW TO | 如何突破经营危机
BREAKTHROUGH MANAGEMENT CRISIS

概是希望通过改名的方式，来脱离"松下式"的经营模式吧。他们可能想通过采取美式经营，对公司整体实行大规模裁员，对经营模式进行改革，期望能在短期内收到成效。曾经的"松下式经营"所主张的是"重视家族式的经营，实行终生雇佣制，让员工长期为公司效力"。可一旦将经营模式变成美式经营后，为了取得卓有成效的回报，公司就不得不先实行大规模的裁员。这么做确实会取得暂时的成功，但这种行为的最终后果是导致技术人才的外流。而且，如今的家电行业都面临着严峻的考验，不仅是Panasonic，索尼和三洋电器的情况也是如此。

松下电器是由松下幸之助和他的妻子以及妻弟，也就是三洋电机最早的社长井植岁男三个人一起创立的。第二次世界大战以后，美国接管日本，松下家族被定义为财阀家族，这导致松下电器的运营受到了严重的影响，无法正常开展工作。为此，松下幸之助亲自到联合国军最高司令总部去申诉，而这场申诉整整耗时四年。在这期间，松下电器必须指定其中一个人

第3部
松下幸之助的发想——经营成功学的原点

担任社长。当时因为考虑到松下的名字不能不要，因此井植岁男就独立了出来，并且带走了一个工厂，创立了三洋电机。两家公司自此成为了竞争对手，形势多少有点紧迫。三洋电机之后的发展规模也逐渐壮大，成为了拥有十万雇员的大公司。但是后来，三洋被松下收购，据说，收购后松下只接收了原来的九千多人，剩下的九万人也就是大约90%的员工都被裁员了。可见，当时的行业竞争有多激烈。要是现在松下幸之助先生还健在的话，不知道他对此会有什么看法。

虽然现在我对变成Panasohic以后的松下公司的经营没那么关心了，但是在松下先生生前，也就是我创立自己的事业之前，我曾认真钻研过松下先生的经营理念。我认为他的经营哲学可以称得上是不朽的经典，其中有很多不灭的真理。虽然时移世易，很多由松下电器生产的产品被更新换代了，但是幸之助先生所遗留下的思考方式却是永久持续的。

HOW TO | 如何突破经营危机
BREAKTHROUGH MANAGEMENT CRISIS

松下的经营哲学就是"不追求成功算不上经营"

"松下幸之助式的经营"大致可以分为两大类：一个是"经营理论"，而另一个则是"对事物的看法及思考方法"。

所谓的"经营理论"指的就是，经营管理理论及支持该理论正确实施的思考方式。相关问题作为经营学曾被提出过多次，也常常面临着时代的考验，这的确是需要随着时代的进步多少做出些改变的。

而"事物的看法及思考方法"则被作为经营者的哲学。要求经营者学着如何去思考，如何去应对、处理问题。

松下幸之助留下的经营理念中的某些道理，即使立场改变，时代不同了，仍然有它存在的价值，不会被轻易地取代或淘汰。

第3部
松下幸之助的发想——经营成功学的原点

当然,作为理论的部分,有些东西放到今天的确已经无法使用了。例如,哪怕在现在的日本,"终生雇佣制"也正随着当下的形势逐渐瓦解,如果企业不进行裁员的话,恐怕很难继续维系下去。正因为现状如此,以前的那套模式也无法继续了。

只是,若将一切再一次回归至"原点",那一定还有很多可以向松下幸之助先生学习的地方。

我在幸福科学大学中建立经营系学部的时候,将这个系取名为"经营成功系"。当时,有很多教经营学的老师不同意这个命名,甚至有的人会抱着陈腐的心态说:"想要经营成功哪有那么简单,我们不能骗人。"

但事实是,学习了幸之助先生的经营哲学后,我就有种强烈的"不追求成功就不是经营"的感觉。也就是说不能只是单纯地经营企业,而是必须将企业经营到成功为止。如果没有这种强烈的热情,所有的经营都很难取得成功,这点我是可以断言的。

2 继承松下幸之助先生经营思想的稻盛和夫先生

不想做就做不成

稻盛和夫先生因为再建JAL而出名,而且听说他在中国的经营者中很受欢迎。

稻盛和夫先生创立了京瓷集团后,用剩下的一千亿日元左右的资金又创立了KDDI(日本的电信运营商)。稻盛和夫之

第3部
松下幸之助的发想——经营成功学的原点

所以会创立KDDI，是因为他觉得当时NTT（日本电报电话公司）在通信行业一家独大，如果引入竞争机制的话，那话费就会有所降低，这样就能给客户带来更多的福利和便捷。

在京瓷集团和KDDI都成功占领市场后，他就隐退了，开始刻苦的修行生活，在此期间他偶尔会接一些经营顾问的工作。当JAL再建的时候，他又被邀请出山。再建JAL在当时被公认为是一件难如登天的事情。但两三年之后，JAL因稻盛和夫先生的努力再次重振雄风。

虽然JAL在重建之后再次称霸了业界，但是花无百日红，最终，JAL还是被现在的ANA取代了其领头羊的位置。现在日本政府专用机的养护项目也从JAL转由ANA负责。JAL再建的时候，政府提供了不少补助金，为此ANA没少抱怨，因此在考虑政府专机养护的事情上，政府就优先考虑了ANA。

稻盛和夫先生曾经参加过幸之助先生举办的研讨会，研讨会上，幸之助先生在众多经营者面前提到了关于"水库式经营"（无借款经营）的想法。之后便有人问他："您所说的

HOW TO | 如何突破经营危机
BREAKTHROUGH MANAGEMENT CRISIS

'水库式经营',到底如何才能实现呢?"幸之助先生想了想说:"我不能说你应该怎么做,但尽管如此,水库式经营势在必行,凡事只要想做就能够做到,而且在经营过程中,经营者时时刻刻都应当考虑这件事!"

大部分的经营者在听了幸之助先生的这番话后都暗暗发笑,只有当时还年轻的稻盛和夫认真思考起来。也正因为稻盛和夫一直在思考"一定要实现在保持盈余的前提下,实现无借款"的经营方式,所以他在创立京瓷集团后还有很多剩余的资金。他将这部分资金作为了创立KDDI的资本。稻盛先生在接手JAL时说过:"接受补助金或者借钱和裁员,都是在我的公司里没有发生过的事情。"他能有底气说出这番话,完全是因为他领悟到了幸之助先生经营思想的真谛。

稻盛先生经营的"盛和塾"现已扩展至海外,包括夏威夷、中国等地。如果幸之助先生被誉为"经营之神",那称稻盛和夫先生为"经营之神的接班人"也不为过。

第3部
松下幸之助的发想——经营成功学的原点

将"思想的力量"运用到组织里的难度

"松下政经塾"成立时,正值日本民主党执政期间,时任第三任首相的野田佳彦先生被问到"对于松下幸之助先生提出的'无借款经营'您有什么看法"时,野田先生回答:"这是以前的事情了。现在和当时的情况不一样,想必幸之助先生也应该明白。"

实际上,对相信"思维决定行动"的人来说,实现"无借款经营"是有可能的事情,而对那些有着"不借钱就无法经营"的想法的人来说,无论怎么努力也是做不到无借款经营的。果然如前所述"没有想法就做不成无借款经营",能不能理解这句话的含义,区别是很明显的。

通常,"意念的力量"在心理学中会被解释为"做事的动

HOW TO | 如何突破经营危机
BREAKTHROUGH MANAGEMENT CRISIS

机"。比如说,销售人员在销售的过程中会有很强的"我想把东西卖出去"的意念,只要能这样想,销售多半就会成功。

但有组织体系的经营,并非只靠想法就能简单支撑的。组织内部可能会有很多人持否定态度。说到底就是,很多人还没有充分理解"思想的力量"的真正含义。但"想法是出发点"这句话一点没错。

经营就必须要有"一定取得成功"的意念。如果用"哪怕失败了也无所谓"的想法来经营,那失败了也怨不得别人。

3 实践"无借款经营"

我也和稻盛先生一样,在学习了松下先生的思想后,致力于"无借款经营",并且也做到了无借款经营。

现在,我有两千名职员,名下的集体包括日本国内和海外的拓展事业、出版事业、教育事业、电影等文化产业,也算得上是一家投身于众多领域的机构。作为一个经营团体,实行了无借款经营,就是实现了"有财产,而且零负债"的状态,并一直保持到现在。可见,无借款经营,想做就一定能做成。

刚开始创立集团的时候,很多管理层的职员都认为企业初

HOW TO | 如何突破经营危机
BREAKTHROUGH MANAGEMENT CRISIS

期就应该先从银行贷款开始进行运营。如此一来，差不多三年左右就可以达到收入上涨并有盈余的状态。虽说这是一般性的理论常识，但我自己完全没考虑过借钱经营。我一开始就会先用手头的积蓄，再逐渐积累资本。当然，计划实施的一开始，我会在座谈会上卖小册子，除此之外，我也用过一些其他的方式来筹款。另外，我在日暮里的酒贩会馆中借了个会场，那里不时会有人聚会或者举办饮酒会，平时是一个提供娱乐的场所，好像也偶尔租赁给瑜伽馆做培训等。我经常会挑选一些能够提供免费租赁的场所，作为我举办座谈会的场地。

也就是说，我是从经费接近零的情况下创业的，通过卖小册子、益演等途径，前后差不多积累了80万日元，这是我的第一桶金，也是我的集团成立时最初的"本钱"。而且，最早我只雇用了两名兼职员工，每人每月只拿5万日元的工资。当时公司场地每个月的租金都是免费的，所以我每个月只有10万日元的工资成本支出。

创业半年之后，通过努力，我积累到了几千万日元的资金。我从一开始就重视现金流,到后来渐渐扩大规模,直到成长成现在的集团。我身体力行地一步步实现了"无借款经营"。

4 "事业部制"的先驱者——松下幸之助先生

松下先生的"经营哲学之说"为日本发展做出的贡献

我还有很多方面都受教于松下幸之助先生。

幸之助先生创办的电气公司在第二次世界大战前就开始生产像磁带一样可以录音的东西。因此,每次他在晨会之类的会议中所讲的内容,都会被人用磁带记录下来。据PHP研究所[①]

[①] PHP研究所是日本的一个民间智库暨出版社,由松下电器的创始人松下幸之助于1946年创立。

第3部
松下幸之助的发想——经营成功学的原点

资料显示，当时大约有三千份晨会的磁带被保留了下来，这真是太不可思议了。

实际上，幸之助先生在65岁从社长职位隐退之后，又活跃在教授经营哲学的舞台上。来自四面八方的人前来向他请教问题，而幸之助先生也毫不吝啬地授业解惑。我觉得他晚年的工作更加重要。

幸之助先生从年轻时到晚年的讲话（《松下幸之助发言集》）都保留了下来，总共有四十五卷之多。他一边经营着一个庞大的企业，一边还能留下这么多经验集，真是宝贵的财富。

松下幸之助成功的关键，在于他善于向他人借力。他想将自己的成功哲学分享给更多的人，希望让大家都能够受益于他的成功哲学。松下幸之助晚年不断地努力传播自己的经营理念，他对日本的发展真的做出了巨大的贡献。

HOW TO | 如何突破经营危机
BREAKTHROUGH MANAGEMENT CRISIS

边做学徒边领会"销售诀窍"的松下先生

松下幸之助先生最伟大的地方在于他起点低,却成就了他人难以企及的大事业。"没有钱,没有体力,也没有学历",从零点起步,这是事实。

幸之助先生出身于大户人家,原来家境也算得上殷实,但后来家族生意失败了,所以他不得不在小学四年级的时候就退学了。他从和歌山跑到大阪,从做学徒开始,一步步走上了经商的道路。这些经历都被记录在了他的传记里。

幸之助先生一边做着学徒,一边自己学习经商的诀窍。在他做学徒期间,发生过这么一件事:幸之助先生被老板要求去完成自行车的销售谈判工作。为了将自行车卖给客户,他擅自给客人打了九折。回来之后老板斥责他,并要求他再去一次,再用九五折的价格把自行车卖出去。

这个时候,幸之助先生一边哭一边说:"我就是靠着打折,才把自行车卖掉的。让我再去一次,我可不干!"虽然幸之助不愿意去,但迫于老板的压力,他最后还是去了。结果那个客人由于喜欢幸之助先生,不仅同意以九五折的价格购买,后来还成为了幸之助的忠实客户。

那时候,还有一些来自行车店的客人常常会让他跑腿去买烟,于是,幸之助先生就想,既然这么多人要买烟,何不买一整箱回来呢?而且多买几箱还能有优惠。

松下幸之助先生就是靠着这些经验,一步步走向成功的。

HOW TO | 如何突破经营危机
BREAKTHROUGH MANAGEMENT CRISIS

"体弱多病"下诞生的松下电器的"事业部制"

像松下先生这样没学历、没钱,体力还差的人,却通过自己的努力,实现了自己的目标,成就了一番大事业,这真是件不可思议的事。

一般人都会认为松下幸之助的身体肯定不错,但其实他身体状况很差,他在兄弟里排行最小,而且从小体弱多病,只要一感冒就倒下了,他的家族里有不少人因为结核病而去世,所以家里人都很担心他的身体。

一般来说,一个既没钱又没学历的人去创业,要成功必须有一腔热血和充沛的精力。可没想到,松下幸之助竟然是如此体弱多病的一个人。因此,创建大公司对他而言,的确是一件非常不可思议的事情。由于身体不好,松下幸之助没办法坚持

第3部
松下幸之助的发想——经营成功学的原点

每天持续地工作，于是，只能拼命地研究如何将事情交付给别人去做，于是就有了后来的松下电器的事业部。

之后，当世界各地都有了松下电器的事业部后，幸之助先生就意识到，靠社长一个人的能力和精力是无法顾全那么多事的，所以就必须建立事业部制度，并实行分社制。让每一个地方的事业部长作为一个分社的社长，并对该分社进行管理经营。哪怕之后公司规模扩张得再大，这样的管理机制也是能够继续使用下去。

对于松下幸之助所提出的这一点，连经营学者德鲁克也感到十分吃惊。从某种意义上来说，"分社制"是从日本开始实行的。

5 经营哲学和经营理论会随着公司规模的改变而改变

"有梦想"的重要性

松下幸之助先生从一开始的一无所有到将公司逐步做大的过程中,经历了很多未知的挑战和考验。

一个小学都没毕业的人雇用了许多比自己学历更高、技术性更强的人,并且让他们为自己所用,是非常了不起的。从这个意义上来说,好好研究如何"用人",能对公司经营起到至关重要的作用。这对现在想创业的人来说,是一个很好的启发。

创业者首先必须要有想法,而所谓的"有想法"通俗地说就是要有"梦想"。企业家从某种意义上来说都是"梦想家",如果没有梦想的话,就无法做出新的事业并扩大规模。有梦想、有目标,学会观察行动所带来的结果,并且在每个环节遇到问题的时候都能做到及时反省,以及思考"接下去应该怎么办",并反复执行这个过程,这样的创业者才能坚持到最后,像幸之助先生这样创造出一个商业帝国。

说到这一点,就不得不提及幸之助先生的"二百五十年计划"。他很早就考虑过自己公司的"二十五年周期"。当时,人均寿命只有五十多岁,因此,每个人的工作时间差不多就是二十五年左右。而在这二十五年里,最初的十年是为自己打基础的,接下去的十年则是扩大自己的事业和影响力的时间,最后五年是用来回报社会的。将这二十五年的周期反复十次后,松下幸之助就为自己的公司制订了一个"二百五十年计划"。

虽然之后公司为了将松下的印象弱化,将"松下电器"更名为"Panasonic",以此来实现公司经营模式的转变,但松下幸之助对"松下电器"曾经有过这样的梦想和规划却是不争的事实。

松下幸之助做出"二百五十年计划"时,正值日本的昭和恐慌时期,那是日本经济最为萧条的时候。在此期间,松下幸之助意识到宗教性的任务经营很重要。也就是说,"经营"不能只停留在自己知道就好的层面,必须将其中的理念和有用之处传播出去,这是自己的使命。所以,松下幸之助将他的经营理念编成了类似教义的东西与人分享。他一生为之努力的东西是很有意义的,所以世人甚至将其称之为"松下教"。

第3部
松下幸之助的发想——经营成功学的原点

真实体验"职员的激增"和"裁员"

松下幸之助先生说过这么一句话:"公司规模小的时候,更有真正的生存价值。"

公司职员在五十到一百人的时候,凡事都能按照自己的想法去实行。如果是家族经营的企业,那大家也能和和气气地一起工作。而当公司规模渐渐扩大后,现实往往就会和预想背道而驰了。当公司的人数增加到两三百人时,还能按照最初的想法继续经营,那绝对是一件非常难得的事情。当公司员工达到一千人的时候,就会有一种"不拜托他们就不工作"的感觉。当公司扩大到一万人以上的规模时,就会从主动式经营变成一种祈求式的经营,即"不请求员工工作,他们就不行动"的状况。幸之助先生曾提到过这个情况。

HOW TO | 如何突破经营危机
BREAKTHROUGH MANAGEMENT CRISIS

这种感觉我深有体会。事业刚起步的时候,我只有两个兼职员工,之后又招了几个人,慢慢地员工人数变成了十个、二十个。就这样,随着事业的发展,员工的数量也逐渐增加,从五十人增加到两百人,之后转眼间竟达到了一千三百八十人。

但在1991年,因为分部开得太多,事业难以正常运营。于是我决定关闭一些分部,关闭了将近一百家分部后,将分部的数量缩减到了一百五十家。这就是本集团首次经历的裁员。

运用"经营理论"的时候要看"公司是否符合规模"

我从松下幸之助先生那里还学到这样的经验,因为组织的规模不同,所以很多方法并不能通用。经营哲学和经营理论里提到,管理一定要根据公司的规模有的放矢,看规模行事。

比如德鲁克的理论对五千至一万人以上规模的企业分析得很准确，运用在中小企业中就不会那么合适了。

一仓定先生的理论如果针对人数在几十人至几百人的企业时，对其经营中遇到的问题常常能所言即中，可如果这样的企业变成大企业之后，有的地方就不适用了。

幸之助先生经历了小公司到大企业的变化，到了晚年，公司规模已经相当庞大了，如自己所想能实现的部分还有很多，所以考虑问题的格局也变大了。一开始我并没有直接采用那样的思考方法，只是思考"这个方法本身是不是会在我的集团起作用"这一点。

松下幸之助先生给我印象最深刻的是作为经营者该具备"留心"和"心得"这样的东西，而这也是我认为极其重要的东西。

6 事业成功的秘诀在于"反复做"

我实践了"经营是认真地决一胜负"这句话

我在建设幸福科学大学的例子中,提到了我要设立"经营成功系"的事情,为什么要加"成功"二字,也许我换一种说法予以阐述会更易懂。

用松下幸之助先生的话来说,所谓的经营就是要认真地去决一胜负。而所谓认真地决一胜负,并不等同于在道场里用竹刀打斗。

第3部
松下幸之助的发想——经营成功学的原点

在竹刀比赛中,不瞄准对方的要害位置刺下去就不得分。在三局两胜的比赛中,即便一开始被对方赢得一分,只要在之后的比赛中取得两分就能反败为胜。如果将比赛所用的竹刀换成真剑的话,输了就会直接丧命。哪怕你在比赛中可以得胜,但在现实中动真刀真枪的话,无论输赢,你都有可能丧命。

还有,在竹刀比赛中有刺中"小手、面和胴"的区别,刺中这些要害就能得分。但如果实战的话,一旦被刺到这些部位肯定会受伤,随之而来的痛苦情形就与比赛完全不一样了。所以,有些情况即便在比赛中不能得分,在实战中却可能奏效。

松下幸之助先生的观念是实战就是背水一战,必须全力以赴,实战和"输了几次也没关系"的练习不同,也许一个"大刀"劈下去,属于你的比赛就结束了。因此,做生意就是背水一战,不成功便成仁。不能用"输了也没关系"的心态去经营。经营者必须面对现实的残酷挑战,一定要抱着必胜的心态去经营,这样成功的可能性才会更大。而这一点是我反复强调的,同时也是我刻骨铭心的记忆。

HOW TO | 如何突破经营危机
BREAKTHROUGH MANAGEMENT CRISIS

到目前为止，我举办过两千多场活动，每一场我都是抱着认真决一胜负的心态去完成的，心里想着失败了就没有下次了。

在我举办的这些活动中，有的是在能容纳几千人到上万人的大会场里举办的，也有在十几个人到上百人的小会场举行的；有面向经营者的研讨会，甚至也有十万日元或者三十万日元左右的高价入场券研讨会，当然也有几千日元入场费的活动。只是，不管活动规模和入场费如何，我都以专业的精神认真地决一胜负。也就是说，每一次我都抱着"失败了就完蛋了"的心理去面对。不知不觉，这样规模的活动已经举办了两千两百多场了，我这种持续的热情也自然传达给了在场的听众，实践了"经营是认真地决一胜负"这句话。

第3部
松下幸之助的发想——经营成功学的原点

事业成功的秘诀在于"抓住常客"

我从一开始举办活动的时候,就一直心存感激。从最开始在东京举办演讲会,到之后在东京以外的大阪、九州和北海道等地到处开讲,我经常坐飞机或者坐新干线追赶日程。一些企业老板或者高层管理者是我演讲会的常客,这也是我最早的一批粉丝,我非常感激他们。有这么一批人反复来听我的演讲,就等于在销售上反复来我这儿消费。我想,这是我事业成功的秘诀。

酒店服务业中,要是客人觉得"东西好吃,服务也好,感觉很棒"的话,他就会成为这家酒店的常客。

如果有一天,像这样的常客突然不来光顾了,那说明酒店运营中的某环节一定出了问题,可能是"感觉不好,不来了""菜很难吃""服务员用词不妥,招待不周""厕所打扫

HOW TO | 如何突破经营危机
BREAKTHROUGH MANAGEMENT CRISIS

不干净""空调不好用"等,理由也许有很多。

让客人决定不再光顾的理由会有很多,只要他们遭遇了一次这种不愉快的服务,就会记在心里。有的饭店或酒店可能会设有意见箱,客人或许还会往里面投送意见,告诉经营者们可能存在的、让他们感到不满的意见,但更多的情况是,客人什么都不说就不来了。

所以,想让事业成功,就一定要随时洞察顾客的需求,进行适当的调整,摒弃所有让顾客不满的小细节,这就是成功的秘诀。

我在国外酒店的一些体验

我在国外也有过这种体验。

当时我住的是高级酒店,里面提供洗衣服务,但洗完后的衬衫缩水了，下摆竟到肚脐这里，我当时的想法就是"怎么会这样"？我想是不是酒店的工作人员在洗衣服的时候，添加了什么强力的洗涤剂造成的。可无论如何，将已经不能穿的东西还给客人，这种服务实在太差劲了。

酒店的各部门都是各司其职，相互间的工作内容并不共享，彼此间不过问也不知情，这样的情况在很多企业中都存在。这种错误一多，就会引起客人的不满。

我在美国数一数二的超五星酒店入住的时候，有人投诉天花板滴水，当时事情闹得很大，实在令人感到意外。

还有一个更奇葩的例子。在印度，我住酒店的时候，那家酒店的浴缸有裂缝，我看到的时候就担心水会不会漏出来，结果不出所料，放水之后不一会儿水就都漏光了。酒店可能事先知道这个情况，所以，在我泡进浴缸后不到五分钟，还没来得及通知酒店的时候，就有人突然闯入我的浴室给我加水，要知道我当时可是全裸的。

酒店方明明知道浴缸漏水却不及时修理，而是采取算准了

HOW TO | 如何突破经营危机
BREAKTHROUGH MANAGEMENT CRISIS

漏水的时间，等待时机派人进来加水的方式来解决问题。大家想象得到吗？在洗澡洗到一半的时候，突然有服务员带着水桶一样的东西闯入浴室给你加水。反正我当时的感觉就是不可思议。如果这是一种"冲凉风格"，那也未尝不可。我小时候就有过类似的经验，一边用锅烧开水，一边加水。这家印度的酒店就是这种风格，等客人洗浴结束后，还会派六名工作人员打扫湿答答的地板，而且这是他们每天都要干的工作之一。对酒店来说，比起修瓷砖和浴缸，人工费更便宜，所以为了不浪费钱，他们就决定这么办了，这真是令人诧异的决策。

在服务行业中，不同的价位对应不同档次的服务。最终，这些都和"经营成果"挂钩。在刚才的例子里，因为修浴缸更费钱，所以酒店考虑"将经费缩减到最小，改用人力劳动"。其实，要是想节约维修费的话，完全可以让自己的员工动手修，毕竟"客人的满足感"还是应该排在第一位的。

幸之助先生很早就开始考虑"顾客满意度"和"令人满意的服务"等因素。我们也该为自己敲响警钟。

7 反复传达"热情"非常重要

经营者为什么要"一直说一样的话"

除了提高客户的满意度,松下幸之助先生还向员工传授了"说服术"。换而言之,就是教授员工"拼命反复说服对方"的技巧。比如,在考虑产品的宣传语时,不是任何想出来的宣传语都能马上使用,这必须要经过几天几夜的深思熟虑,反复推敲,最后选出一个最好的才能正式作为宣传语使用。

松下先生的观点是"经营者不反复传达自己的想法就不能

HOW TO | 如何突破经营危机
BREAKTHROUGH MANAGEMENT CRISIS

让大家理解。可以说得十分简短，但必须反复传达"。我一直把这个观点作为自己经营方面的参考。对于这方面我很不擅长，因为我总是喜欢说新的东西，所以真应该好好养成反复说的习惯。反复说同样的话听着很啰唆，可能还会被认为是在"装傻"，所以我常常习惯说些新的东西。善于学习、脑子又好的人，听一遍就明白了，如果反复对他们说同样的话，很容易遭致对方的反感。但是，世界上不是只有聪明人，所以有的时候"反复说"也是很有必要的。

松下先生说过："训练刚来的人或者新员工的时候，就要反反复复地说明自己的想法，让内容渗透进他们的大脑中，使他们与公司其他员工有一样的思考方式和行为模式。"

一流的企业会将反复传达的东西变成一种"植入"，使大家都能理解并内化成自己的一部分。"我们公司的社长是这么说的……"经常重复这些话，自己也会变成能很自然地就可以说出类似的话的人。因此，不要责备下属不能按照自己的要求行事，这完全是上级的怠慢所造成的。我们要常常反思自己的思维方式，使之形成一种风格，成为企业文化，甚至变成一种"遗传基因"。

我自己也有要反省的地方，虽说反复强调同一件事会令人产生厌烦的情绪，但如果我凡事都只说一次，别人就会不清楚这件事情的重要性。

有很多人，一定要等他人将重要的事情反复说上三遍左右才开始行动。即使在聪明的人里面，用这种方法来判断做事先后顺序、轻重缓急的人也为数不少。

反复被提醒就会觉得"这件事很重要"

对一件事进行"反复传达"的工作方法，在与政府机关打交道时也同样适用。比如某地产公司老板表示"想开发这里的公寓"，如果只说一次的话可能大家听过就忘了，并不会放在心上，必须要说上三次以上才会有人觉得"这次是动真格的了"，于是才会开始行动。

同样的情况在银行也存在。向银行申请贷款的时候，对方往往不会认真地听贷款申请者的诉求。在申请者说了一次、两次、三次后，银行工作人员可能才会说"我们将进行档案化，详情请至门店询问"，这样的情况时有发生。

像这种涉及资金交涉的事情，如果马上就处理的话的确存在风险，所以为了避免损失，银行方面会尽量拖延，之后再处理的话风险就降低了。对方如果就此放弃，这件事也就结束了。尽量避免让自己承担风险，是银行一贯的作风。申请一次就放弃了，还是申请两次就放弃了，或者到了第三次了还继续申请。客户有多少热情，银行方面可以通过反复强调的次数进行判断。

很多时候，对于大部分人来说，一件事是不是重要，是没办法马上就做出判断的。如果对方不知道事态的严重程度，那么通过反反复复地叙述，就能让对方明白"这件事很重要"。

这种方法对公司员工也同样奏效，反复传达你想要传达的思想，他们就会明白"原来这是很重要的事"。

要知道，人的理解能力并没有那么好，要记住别人说的全部内容是很困难的。但只要反复强调，别人就能明白"这个很重要"。如果上面的人反复说同样的话，下面的人就会模仿着说出来，变成他们的口头禅。

反复说直到让对方明白，这种行为具有"服务精神"

对于别人的反复说教，越是聪明的人，抵触心理就会越强。但是，越是面对这样的人，你就越需要更加努力地将自己的话说完。

我一方面想要训练自己"再多啰唆两句，多强调几次"，一方面还常常觉得"只要自己说了一次，大家应该就已经懂了"。况且我演讲的内容一般都会被制作成CD,还会被收录成书,只要看了就能明白。这是大学里所说的"秀才的学习方法",一流大学的老师们也常常这样想,他们会对学生说:"教科书上写着呢,看了就知道了!"这话虽然没错,但听起来还真没有人情味。我自己也要改正并加强这方面的训练。

所以,我们必须要说对方听得懂的话,并且要一直说到对方懂为止,不然就是缺乏"服务精神"。从这种意义上来说,做到"反复传达"这一点是非常重要的。

松下电器经过五十几次的谈判才摘掉"财阀"的帽子

第二次世界大战之后,那些在战争中协助日军的企业都被实行财阀指定,分崩离析,不少企业都解体了。当时的松下电器也被指定为财阀。

第3部
松下幸之助的发想——经营成功学的原点

但松下幸之助先生的想法是："三井、三菱和住友等企业是财阀，但我完全不是。我自己是第一代从双插座开始起家的，却也被指定为财阀，这实在太委屈了。"

当时松下先生住在大阪，因为战后交通状况恶劣，从那里到东京的第一生命馆GHQ的总部（联合国军最高司令官总司令部），路上要花十几个小时。尽管如此，松下先生还是坐火车上访了五十多次，不停地向GHQ解释。最后，对方终于表态："你已经解释了那么多遍，我明白了。"这才取消了松下电器的财阀身份。

因为松下家族在战后被指定为财阀，无法正常展开工作，所以，松下幸之助为此到联合国军最高司令总部申诉了五十多次，这种"顽强"也是一种热情。重要的是，他觉得自己是对的，自己说的话是正确的，并且反反复复地向对方传达自己的意思，最终达到了自己的目的。

GHQ是相当有权势的地方，哪怕是天皇陛下也得"硬着头皮"去，这样的地方松下先生竟去谈判了几十次，真是不

HOW TO | 如何突破经营危机
BREAKTHROUGH MANAGEMENT CRISIS

容易。

不过说到底,如果他不这么做的话,就无法保证公司得以继续存在,因为对方做出判断的根据可能有误,所以才要反复去说明。这方面值得大家好好学习。

幸之助先生一直体弱多病,是要好好休息之后才能出门的人,他能做到如此地步,也是因为到了晚年身子越来越健朗的缘故。可能是吃的东西变好了,又或者是他在工作闲暇时锻炼身体了。不管怎么说,幸之助先生做了多方面的努力。

对外宣传的时候,如果不反复传达就不能被人理解。面向公司内部的时候也是一样,无论是培养经营负责人、培养自己能够信任的一把手,还是培养听命行事的员工都必须掌握"说服"的能力,反复向对方传达自己想要强调的东西。我们必须在这方面多下功夫。

8 不创造"附加价值"就不能叫专家

彻底转换思维,把不可能变成可能

像松下幸之助先生这样能自己创业的人当然是非常有本事的,工作上无论什么事情他都要亲自过目。

比如开发机械类的小事,他只要手一拿零件就知道它有多重,是否需要再做得轻巧一些,还能直接断言去掉多少重量就能达到最理想的效果。

有时候,当客户要求打八折时,下属会拼命解释说:

HOW TO | 如何突破经营危机
BREAKTHROUGH MANAGEMENT CRISIS

"九五折还可以接受，但如果是八折的话就亏本了，所以不行。"

但幸之助先生却认为：当客户主动向我们提出打折要求时，是因为他们也面临着如果不降低成本，就会在市场竞争中败下阵来的窘境。如果我们直接拒绝客户，那他只好去别处采购。按照现在的模式，直接打九折或者八折可能很困难，但如果可以索性改变思路，考虑如何将生产成本减半，就能留给顾客打折的余地。

要让顾客享受"砍价"的优惠，经营者就必须从根本上改变想法，只要能彻底改变思考方式和产品的生产制造方式，互惠互利的目标就能完成。

所以，即便听了下属说"不行"，做老板的人也不能轻言放弃。如何让"不行"变为"行"，这种思考的过程可以说是工作能力和水平的差异所在。所以，要尽力做到转换思维，彻底打破成规，把不可能变为可能，这才是老板的工作。

第3部
松下幸之助的发想——经营成功学的原点

"说不行"是聪明没用对地方

面对新事物，很多人往往会因为没接触过而马上打退堂鼓。这时候问他"不行"的理由，他会很漂亮地回答："因为我没做过这事，所以不行。"

有一次，公司的财务负责人换了好几个，我和其中一位财务负责人通过电话，他就一个问题举出了五个不行的理由，还按条目写了下来。乍一看显得井然有序，但上面并没有标明时间，仅仅只是"因为这条理由，所以不行"，这种类似"宣誓书"一样的内容他给我列举了五条。他把自己的聪明都用在寻找"做不到"的理由上了。

很多人对于"不行"回答得理直气壮，而且理由都很犀利。这种反驳能否用在考虑"如何才行得通"上呢？应该多想

HOW TO | 如何突破经营危机
BREAKTHROUGH MANAGEMENT CRISIS

想怎么做才能将"不行"变成"行"。如果运用智慧的话，就一定能想到一个合适的解决办法。

所以，不要将聪明用在为"不行"寻找理由上，而要将目标锁定在"如何才能行得通"这一点上。

"如何才能做到"的回答里有"附加价值"

一位专家不管他的能力有多强，如果他只会说"不行"，那也是绝对不可信的。

要是有人问研究地震的专家："哪里会发生地震？哪些地方可能更容易遭遇地震？"如果对方的回答是："这个我不清楚。不震一下的话是不知道的。"像这种面对问题只会以"不知道"为理由来搪塞的人，并不能称之为专家。

的确，灾害发生时的情况往往非常复杂，能用脑子想"怎样才能解决问题"的人才是专家。有对策的人才会有"附加价值"产生。

现实生活中,确实有很多事情难以预知。作为一个领域的专家,如果在做出了预知之后,万一结果偏离预估,的确是件很难堪的事情,并且还有可能遭到责难,所以专家们都有说"不知道"的习惯。

但我们必须要脱掉这层"不知道"的"铠甲",思考并分析"如何才能办得到",这才是正确的做事方法。

作为专家必须要思考创造附加价值的做法

如果我们在遭遇问题时将问题细分化,要专家说出更具体的方案来会怎样呢?比如,当有人问到"在遭遇一个小时之内降雨一百毫米的情况时,水具体会淹到哪里?如果发生水灾的

HOW TO | 如何突破经营危机
BREAKTHROUGH MANAGEMENT CRISIS

话，如何才能把受害情况降到最低"时，如果得到的是"这个的话，可能可以这样做"等模棱两可的回答，这说明这个专家还是不想承担责任。

日本的教育导致很多接受过高等教育的人习惯性地不愿担负起责任，这一点我们必须要引起重视。

很多人都会有"至少在自己负责的期间不要被追究责任"的想法，他们逐渐养成这种尽可能逃避责任的习惯。但作为专业人员，有这样的想法是不行的。因为遭遇的每个问题中都包含着方向性的东西，所以更要认真考虑"创造附加价值的方法"，也就是"对他人有帮助的方法"。

交涉中必要的"说服技术"

在申请建立幸福科学大学的时候,有人指出,要把"经营成功系"的"成功"二字去掉,只要"经营系"就可以了。加上"成功"两个字就有种骗人的感觉,因为在现实中有很多经营失败的例子,所以不能如此果断地去定义。

给我提出建议的人是某所私立学校的负责人,我参观了他经营的大学,现在已处于财政赤字的状态了。

他自己一边经营着赤字大学,一边教授着学生企业管理课程。他从自己的角度出发,对我的大学设立"经营成功系"一事作出了评价:"不要有这种外行的想法,更不要把经营想得那么简单,想把经营套上'成功'二字简直是天方夜谭。"

可以说,这是基于他自己的经验而提出的中肯建议。

HOW TO | 如何突破经营危机
BREAKTHROUGH MANAGEMENT CRISIS

在他看来，经营若是那么容易成功，自己的学校就不会是赤字状态了。这些话里到底有多少是中肯的建议，有多少是回避责任的想法我不清楚，但一定有"说服的技术"在里面。

作为教育者，我们必须向学员反复传达成功的理念，或者说，要努力做到"说到对方理解为止""站在对方的立场上去传达"。在学院内部之间也必须要有"想办法解决问题"的默契。如果别人说"这样不行"，你就马上打退堂鼓的话，那就说明你的"说服力"还不够成熟，需要再接再厉。

用"全体员工销售库存"来战胜经济不景气

企业总会有种"面临赤字或者要倒闭时，国家会来帮忙"的想法。这是没有办法时的办法，所以，在走到这一步之前必须把自己能做的事都做好。

第3部
松下幸之助的发想——经营成功学的原点

比如松下幸之助先生就是这样做的。在第二次世界大战前公司实行"终生雇用制",这种制度在很长一段时间内成了日本企业的传统。发生昭和恐慌之后,商品卖不出去,库存堆积如山,松下甚至到了要停产的地步。这时候只有采取"裁员"的手段公司才能存活下来,但为了不让公司员工没饭吃,幸之助先生决定使用其他方法来减少商品库存。

松下幸之助先生建议说:"必须将产量减少到平时的一半,而多余的时间大家要帮忙一起参与销售,双休日也可以来工作。我们的目标就是:清除库存。"

松下幸之助先生在不解雇员工的基础上,让他们努力尝试"销售产品""清空库存"。最终,库存的货在所有人的努力下渐渐被卖完了。而在这个过程中,经济也稍有恢复,又回到了平日的生产状态,员工也没有被解雇。我想,这种做法本身就是一种"发明"。

库存按照"借贷对照表"来算,属于公司资产的一部分,所以也应该被计入盈余里面。所谓库存就是"卖剩下"的部分，只要没烂，过多少年都可以用。但是像食品那样的商品就不行了，如果卖不出去，很快就会变质，最终是不能用于二次销售的。

因此，首先将库存全卖了，让货物变成货币，作为现钱计入盈余的部分。当然，库存即便被当作资产，如果卖不出去的话，就不会有钱进账。松下幸之助先生以"清空库存"为目标，动员全公司的人加入销售，调动大家的积极性，在不解雇任何人的情况下，成功地战胜了经济不景气。

9 松下幸之助先生"公"和"私"的思考方式

"下雨打伞"中体现的"经营诀窍"

我经常拿松下幸之助先生那个"下雨打伞"来举例子,幸之助先生常常会被问道:"您认为经营诀窍到底是什么呢?"他的回答是"下雨了,就打伞呗",这样的回答颇有禅学风格。说得更通俗点是船到桥头自然直,顺其自然。当时提问的人虽然也懂一点禅学,但是听到了这个回答,他也觉得十分诧异。有的人可能会觉得这样的回答是在糊弄人,但这是禅学问

HOW TO | 如何突破经营危机
BREAKTHROUGH MANAGEMENT CRISIS

答中常有的事情。

下雨了怎么办？当然要打伞咯。如果不打伞，就会被淋湿。淋湿了，就会感冒，衣服也湿哒哒地不能穿，很难受。而且这模样不能工作，也见不了人。也就是说，下雨打伞是"天地自然的道理"。雨停了，就收伞，就是这么回事。

经营中也分景气和不景气的情况，而不景气的情况就如同下雨。"下雨就必须打伞"，套用到经营中就是说要思考"在遭遇不景气的时候怎么打这个伞，而公司有'伞'的部门又在哪里"。

这就是松下幸之助先生非常有特色的思考方式之一。

松下幸之助先生诉说的"深入思考"效用

松下幸之助先生从经营者的角度阐述了"深入思考"的重要性。这话的意思大家都能明白，但实际上想要做到却很难。

一般人一思考就会分心，心思会不自觉地转移到别的地方，也许一整天的时间里都在散发思维，对核心问题却没用多少心思。

这就像电视广告，在里面总是有很多画面同时播放，以至于我们没有办法将思想停留在一件事物上，并对其进行深入地思考。如象棋中摆的残局那样，我们想要从中突破并不那么轻松。

但是松下幸之助先生却将其赋予了实践性。他每天晚上睡眠都很浅，常常睡不好，经常只睡三个小时左右，甚至偶尔还要使用安眠药。但即便是这样，他还是难入睡。即便睡着了，脑袋还在不断地思考着问题。

松下幸之助先生非常强烈地诉说这种"深入思考"的效用。除了晚上睡眠的时间外，一些休闲的时刻他也一直在思考。比如，打高尔夫球或者钓鱼，看上去在享用"私"人时间的时候，但其实他的头脑里一直被思考占据着。

当然，他没说过可以边钓鱼边思考问题，这只是我打的

HOW TO | 如何突破经营危机
BREAKTHROUGH MANAGEMENT CRISIS

比方。

比如，当我们放下鱼漂后，不知道什么时候能钓上鱼来，可能三十分钟，也可能一小时。这些时间不能光是坐着，我们可以将它利用起来。我们可以在脑中输入"看好鱼漂的沉浮，鱼上钩了就拉线"的命令，让头脑保持警惕，之后就能进行深入思考了。

说到底，会不会利用这种时间思考"经营难点"是很重要的。如果无法做到这一点，就不算专业的经营者。

松下幸之助先生也一直表示"在经营中没有公与私"，作为经营者，必须要做到无论何时都在寻找灵感，持续思考问题。这对于经营者来说是理所当然的。

我的集团创立至今也有将近三十年了，一年三百六十五天里，即使是非工作时间，我也一直在持续思考工作上的问题。看电视或者电影的时候，无意识间就会找影片里面"是不是有什么启发""能不能用作下次演讲的段子，或者用作新工作的段子"，脑袋里就像这样不断地会有问题跳出来。

所以即便是非工作时间，也要常常寻找灵感，作为经营者，这种想法一定要深埋在自己的脑海中。

松下先生认为，"公私"分明的人并不可信

如果企业的管理者是像松下幸之助先生这种类型的人，那么，他势必会要求自己的下属也一样"不分公私"。但在很多人的眼里，公私是要分开的，比如，上班时间就是朝九晚五，剩下的都是私人时间。因为，如果"公私"时间不分开，可能会导致家庭不和睦。

所以说，"公私分明"是很重要的。可以根据公私的需求，把"工作"和"娱乐"分开。比如打高尔夫，也可以分为"工作上打的高尔夫"和"凭兴趣打的高尔夫"。

像这样一般将"公私分开"的想法，是很有必要的。但松

下幸之助先生的这种想法也不是针对所有人，而是针对经营者以及担任公司管理层人员的。

一般人的想法都是"在公司就谈公事，私事别说。在家里也别聊公事"。但松下幸之助先生说"公私太过分明的人并不可信"。这话要是对所有人说，就显得太过严苛，所以我认为，它针对的应该是部门主管以上级别的管理人员，因为他们有下属，需要对别人负责。

并且松下幸之助还说过："那些总是说'我有点私事，所以……'的人不可信。"这里的"不可信"的意思，恐怕是不会让这样的人担任自己公司将来的一把手的意思吧。

第3部
松下幸之助的发想——经营成功学的原点

有关"公"和"私"的四个观点

1. "公"里的公

松下幸之助先生对于"公与私"有自己的一套看法。公与私必须要分开说明。公里面还分"公里的公"和"公里的私"。

比如公司的企业会议,通过在会议中的集体讨论,由全体员工一致做出的决定,这就是"公里的公"。

2. "公"里的私

在这场会议结束后,也许有些人还在脑中回想着刚才会议的内容。可能有人会说:"会议上决定今年的销售目标是三亿日元,但是我觉得根据现在的经济动向,实际上最多也就做两点五亿日元。

像这种，在会议中没有反驳，但是作为个人，实际上的想法却与公司的决定不同，这种就是"公里的私"。

3."私"里的公

除了"公"以外，松下幸之助先生还说了"私"的部分，"私"里也分"私里的公"和"私里的私"。

一般来说，被限定在公司规定的工作时间里做的事就是"公"。但有时可能会被同事邀请"去喝一杯"或者"和同事们去聚餐"，像这样的应酬也许有人会说这是"公私混合"，放在一起很难判断它到底属于哪一类，但松下幸之助先生说"私里面也有公"。

比如，"课长有高血压，常常要去医院""哪位同事的家人生病了，需要人看护"等诸如此类的私事。这种情况都属于"私"的部分，但是作为下属或是一起工作的同事，对这些也有必要去了解下。虽然这些都是私事，但结果往往会影响"公"的部分，所以我们也需要对此有个了解。

所以说，"私"里面也包含着"公"。

4."私"里的私

说完"私里的公",那就还有"私里的私"。这就是外人不能触及的地方了。

比如,作为管理者,很清楚如果和员工沟通不好的话,工作就无法顺利进行,所以,需要先撇开工作和大家交流一下。这是为了"公",而主动去了解别人的"私"。

但是,很多人可能会担心,在和领导喝酒的时候,被问一些隐私的问题,所以在听到领导说要请自己喝酒时,可能就会以"我有些事情不方便"来推掉酒局。像这种"私里的私",就是和工作完全不相干的部分。

所以对于管理者来说,只要知道下属"私里的公"的部分就行了,千万不能深入到"私里的私"。

以上四条,就是松下幸之助先生说的有关"公"与"私"的观点,特别是"公里的公和公里的私",必须要对它们分开进行考虑。

HOW TO | 如何突破经营危机
BREAKTHROUGH MANAGEMENT CRISIS

无限成长，提高"匠人自觉"的松下幸之助先生

所谓的"匠人的自觉"，有许多值得我们学习的地方。

松下幸之助先生作为一名企业的经营者，手下的员工有二十多万，规模非常庞大，就如同一个市的人那么多。并且，他的企业还成了很多公司的经营典范，他的经营哲学受到了全世界人民的热捧。不仅如此，他到晚年还创办了"松下政经塾"，在有关国家的经营方面也发表了不少自己的意见。

像松下幸之助先生这样的人，可以说是在不断地成长，人生如此是非常了不起的。

第3部
松下幸之助的发想——经营成功学的原点

10 "无税国家论"和"水库经营"的思想

"无税国家"需要"防卫力"

松下幸之助先生不像我靠着读书来汲取知识，他更多的是靠"耳朵"来听取多方的意见，然后，凭借着"耳朵学问"和经验，进一步"深入思考"，写出了他自己独创的哲学。他到了六七十岁还在工作，80岁的时候开始参与国家政治。

如前所述，松下幸之助先生的企业一直秉承着"无借款经营"的思想。因此，当时在国家政治方面也提出"无税国家论"的观点。

日本前首相野田赞成增税。他曾说,现在的时代和松下幸之助先生的时代不一样了。国家因为花钱的地方渐渐增多,急需增加收入,而最简单的应对办法就是增税。因为这样既不需要费脑筋,又不需要做什么努力。

但是越在这种时候,就越需要坚守底线的思考方式。如果松下幸之助先生现在还健在的话,肯定会从其他方面想办法。他应该不会说"因为时代的不同,就可以增加税收"。

松下幸之助先生虽然一直在强调"无税",但没说"不需要国防"。虽然第二次世界大战后的日本一片贫瘠,就算别人想要觊觎点什么,也没什么东西值得惦记,所以完全不用担心。况且,在缔结《日美安保条约》后,受到了美国的保护,日本的国土安全就更让人放心了。

只是,如果"经济大国"不够强大,就没办法稳住市场。如果环境不够安全,海外的投资就不会进来,进军海外的企业也将举步维艰。所以说,防卫是非常必要的,这就需要相当大的财力和物力。

就像松下幸之助先生说过的,"有人值班的话,小偷就很难进来",国家也是一样。并且,他还说过,他不认为无税国家就无法达到经济大国的目标。

我认为这一点,非常具有参考价值。

根据"水库经营",为经营环境的变化做准备

"无税国家"和"无借款经营"之类的经营模式,被称为"水库经营"。"水库经营"这个词是水利发电站比较盛行时造出来的,放到今天是一种不太常见的说法。

水库有着存储自然河水或雨水并据此调节水量的作用。不下雨的时候,由于日照,水分容易蒸发,导致作物难以生长;下雨的时候,雨量过大,就可能引发洪水。所以为调节水量,

HOW TO | 如何突破经营危机
BREAKTHROUGH MANAGEMENT CRISIS

建水库是一件很重要的事。如果建造了水库,降雨的时候就能存储雨水,不降雨的时候再开闸放水。这样人为调整水量,农作物生长就能不受自然降水量的限制。不仅随时能实现向农田引水,而且水也可以用来发电。

这种理念,就是"水库经营"。松下幸之助先生说,为季节变化等不可抗因素做准备,是很重要的思考习惯。这句话的意思就是,必须建造作为储存资金的"水库",不仅有"资金水库","库存"也是种"水库",即"存货水库"。

商品畅销的时候,没有现货是最头疼的事情,所以管理者一定要有前瞻性,事先预估"什么时候什么商品一定会大卖",从而对库存做出必要的调整。若是对客户说"现在没有现货,下一批货需要等两周的时间"的话,有些客人就会流失掉。所以,一旦预估到"这件商品往后可能会大卖"就要着手准备库存了。

第3部
松下幸之助的发想——经营成功学的原点

人才、创意、企划等方面也有可能用到"水库经营"

"水库经营"里的"水库"有很多种,比如"人才的水库""创意的水库""企划的水库"等各种"水库"。

企业在旺季的时候,大家都忙于工作,没有时间培养人才,这是没有办法的。但在企业淡季或者销量低迷的时候,员工都没有什么工作要做,这时候就应该好好地考虑下员工培训的问题了。因为,提高人才的价值对公司而言是非常重要的。

也就是说,为了员工能做出更好的成绩,就要把握住淡季的那段时间,用来提高人才的附加价值,或者是培养经营负责人的继承者。这就是"人才的水库"。

从某种意义上来说,利用"水库经营"是在为经济不景气或者经营失误的时候做准备,这对经营者本人也是有好处的。

HOW TO | 如何突破经营危机
BREAKTHROUGH MANAGEMENT CRISIS

松下幸之助先生说过:"公司是许多员工经济收入的来源,保护雇员是公司的责任,这是非常重要的。"

所有的事情,如果不去思考,就绝对不会有好的结果,所以不思考是不行的。当然,只是一味地思考而不去行动也不行。我们需要先从思考出发,再将思考融入到实际当中去,最关键的是去思考我能做些什么。

第3部
松下幸之助的发想——经营成功学的原点

11 不涉及"本行"以外的事业

逃脱法人税竟被称赞为"真艺术"

经常有人说我的经营是"智者的经营法"。不过我必须反省一下,虽然我一直在努力,但随着企业的扩大,有些地方还是无法顾及。或许自己上手做很快就可以做完,但现实却不允许你这样做。如果将事情交给别人去办的话,自己就无法对事情的全貌进行判断。

第二次世界大战之后,西武集团的堤氏兄弟算是比较有代

HOW TO | 如何突破经营危机
BREAKTHROUGH MANAGEMENT CRISIS

表性的日本企业家。其中西武百货是哥哥堤清二在经营，西武铁道团是弟弟堤义明在经营，弟弟堤义明先生受到很多经营评论家和媒体的好评，他被称为"手段强硬的经营者"。

他曾说过"我的公司不需要聪明的人，遇到无法解决的事情，我自己一个人就可以搞掂"，实际上他也的确做得很不错。以西武铁道的总公司为首，西武集团的经营很有"艺术性"，就连日本的国税厅也曾出来插过两句评论。

比如，西武集团购买了土地建造酒店，差不多有十年都处于赤字状态，在十年之后才开始有盈余。哪怕有盈利，那些盈利也会被巧妙地消抵掉，用于建造新酒店或者地产开发，最后又出现了赤字，这些都刚好拿捏到"无须缴纳法人税"的程度。这完全继承了有"手枪堤"之称的其父堤康次郎的经营手法，这种经营方式由于太具有"艺术性"，而得到世人的称赞。

这种做法顺利实施了非常长的一段时间，直到后来有媒体质疑其做法。堤义明回答："我们公司虽然没有缴纳法人税，但是我的员工们全都缴纳了个人所得税，所以我们也是正常交税的。"

构筑一个时代的西武集团堤氏兄弟的凄惨末路

这种经营手法因为遇到了前所未有的时代大事件而解体了。20世纪90年代的"泡沫经济"使得日本全国的地产崩盘，地产价值猛然下降到原来的二分之一，土地的担保价值也因此消失了。

西武集团在银行有融资，银行一般是根据公司给到的担保价值，再大致以七到八折的价格给予融资。但当担保价值缩水了一半时，这笔融资就会被认定为"不良债权"。如此一来，银行便下令收回不良债权，要一并回收所有贷款。

如果银行收回贷款，那么迄今为止都倚靠贷款资金来运转

HOW TO | 如何突破经营危机
BREAKTHROUGH MANAGEMENT CRISIS

的事业进展就开始不顺利。渐渐地经营状况开始不稳定，到最后很多公司都会因为资金上的"公私不分"而被追究法律责任。

堤义明先生曾是社会成功人士，举办长野冬季奥运会时，他曾担任日本奥委会的名誉主席，他甚至把轻井泽附近山上的树砍了来建造滑雪场。我想，直到冬奥会召开前、新干线延长到举办长野冬奥会的场地时，他都是"实业界的王者"，随随便便一站都自带背光，非常威风。

但最后堤义明先生的下场却有点惨，他在东京王子酒店附近被带上警车，这个镜头也在日本的电视新闻里出现了。我想，这就是他在世人印象中留下的"最后一面"。泡沫经济崩溃之后，总要有一些人出现以警戒世人。不过作为一代商业帝王最后却是这样一个下场，多少令人唏嘘。

他的哥哥堤清二，作为第一代经营西武百货集团的掌门人，曾雄踞流通业的宝座。最后对其公司进行破产清算时，他自己的几百亿日元财产一点都没剩下，他在经历了这样的大起大落后,黯然离世。所以说,经营实际上是一件很有难度的事情。

拒绝靠与"本行"无关的土地买卖来圈钱

任何迄今为止一帆风顺的事情,都可能遇到万一。正因为如此,才需要进行"水库经营"来未雨绸缪。

但是,建造什么"水库"也有为与不为的底线。松下幸之助先生也说过:"建造地方工厂的时候,需要购买土地。比如说,原本只要一公顷就够了,但如果买了两公顷,那么等地价上涨之后,再卖出多余的那一公顷土地,就正好能抵消工厂的建设费用。虽然这一点我非常清楚,但要是这么做的话,我就成了房地产开发商。我们公司是从家电行业的电灯和荧光灯起家的,要是做了房地产,就会打乱公司之前靠卖小商品积少成多、脚踏实地盈利的'遗传因子',如果让土地买卖变成了主业,那我的公司就完了。所以我断然不能朝这方面出手。"可见,"水库"建设也要有所为有所不为。

泡沫经济崩溃下的零售业巨头

与松下幸之助先生持相反观点的是Daiei(大荣集团)的总裁中内功先生。他以多买郊区土地,地价上涨后以此做担保再扩充新的土地,继而扩大规模的形式在日本建立了很多低价连锁店。在泡沫经济崩溃后,这种做法就行不通了。

最近去世的崇光百货的经营者水岛广雄先生也是这样。水岛先生还在日本兴业银行工作的时候,写过一篇相关的博士论文,这篇论文的主要观点是,面向企业的融资,如果银行可以接受企业除土地以外的其他担保,并为其融资,便能进一步扩展业务范围。因为这篇论文,他被日本中央学院授予博士学位。我认为这个观点是崇光百货后期出现资金链问题的导火索。日本兴业银行是一家专门针对开展中长期融资业务的银行,当时银行方面想当然地认为几年后资产会增值,并没有及时意识到这种做法的危险性。

我的老家德岛就有一家崇光百货,商场犹如巨大的战舰一般矗立在火车站前。它成为一个地区的地标性建筑,人们常常会选择这里作为集合地点,人流量多,销售状况自然非常好,其担保价值也就同步上涨。由于位于黄金地段,所以商场的综合担保价值迅速增长,这种模式很快在其他地方也推广开来。于是,就能利用抵押现有商场得到的资金再开新商场,所以崇光百货在日本开了很多店。但它最终的结局却和Daiei一样,难逃消亡的厄运。

HOW TO | 如何突破经营危机
BREAKTHROUGH MANAGEMENT CRISIS

跨行要适度

就经营态度来说,考虑"水库经营"是一方面,松下幸之助先生坚持的"非本行的东西不卖"是另一个方面。尽管知道购买多余的土地可以赚钱,但考虑到"不是本行的事情不做",他还是坚守了自己的底线。

虽然事业都有其关联性,而每个行业都会存在其"遗传因子",所以如果做与本行业相关的事情成功的概率就会比较大,而如果做与本行业完全不相干的事情就是对其本业"遗传因子"的舍弃。对于这一点,我也非常认同。

说到底,做事业是要耗费巨资的,所以该控制的时候还是应该控制。经营者具有"水库经营"的思维方式很重要;能舍弃和本行无关的事情,有所为有所不为也很重要。

第3部
松下幸之助的发想——经营成功学的原点

在提高自己的过程中，扩大自己的视野

松下幸之助先生之前还说过一句话，大致意思是大家都在考虑扩张，扩大自己的势力范围、扩大自己的管辖区域、扩大自己的事业范围。其实，一味地扩张是不行的，应该专注于某一件事，去熟悉、掌握它。确切地说，停止"扩大"，专注"提高"。

所谓登高望远，站在高山上自然看得远。所以，想要扩大视野就要登上更高的山。专心于自己的本业，深入探索，提高技术，最终成为专家，这样视野才会一步步变得开阔。正如三角形的面积一样，如果底边不变，高度从一厘米变成两厘米的话，整个三角形的面积就翻倍了。

像这样，专攻本行，提高自己，无意间相关知识也会融会

HOW TO | 如何突破经营危机
BREAKTHROUGH MANAGEMENT CRISIS

贯通。随着经验的增多，事业范围也会随之扩大。但如果一开始只考虑着扩大范围，那就一定会失败。松下幸之助先生的这个想法，值得我们深思。

我的公司有许多能干又聪明的人，有些人常常东张西望。其实想要有所突破，就要回到探究本行业的路上，先做到日本第一的水准。应该在这个过程中，去扩展自己的视野。

第3部
松下幸之助的发想——经营成功学的原点

12 "经营成功学"就是要以决生死的决心来对待事业

本书基于我毕生所学和亲身经历,就松下幸之助先生的《经营成功学的原点》为基础开始阐述了我的理解。

在幸福科学大学创立之际,设立"经营成功系"的想法是受到了幸之助先生"认真地决一胜负"想法的启发。

"商场如战场",不容许有一次失败,只要有一次被斩下马,生命就结束了。必须抱着"全战全胜"的想法,才能一击即中。万一失败下马,哪怕会因此毙命,也要抱着"必胜"的觉悟战斗到底。

换言之,"经营成功学"就是要以决生死的决心来对待事业。各位若能理解一二,我将感到不甚欣慰。

HOW TO
BREAKTHOUGH MANAGEMENT CRISIS

后记

著有畅销书《追求卓越》的汤姆·彼得斯曾特意不看德鲁克的书，进行独立调查研究和著书。后来，当发觉他认为由自己首先发现的"真理"早已写在《管理的实践》一书中时，他十分沮丧。所谓商场中的"兵法"就是如此吧。德鲁克写《公司的概念》时也有一段故事。当时德鲁克得到了美国通用汽车公司统帅斯隆的准许，在通用汽车内部进行自由调查研究，他详细分析通用之后写下了著名的经典著作《公司的概念》。这本书引得斯隆勃然大怒，他写了自传《我在通用汽车的岁月》来反击德鲁克。然而这本《公司的概念》却成为竞争对手"福

HOW TO | 如何突破经营危机
BREAKTHROUGH MANAGEMENT CRISIS

特"的教科书，帮助福特大幅提升了业绩。可见经营顾问与企业经营者的立场差异非常巨大。

我觉得，一仓定先生的严厉，恰是慈悲的另一种化身。一仓定先生为了拯救在泥泞中苦苦挣扎的诸多公司，日复一日地厉声教诲着各位社长。对上层领导个人的傲慢自大进行规诫，对新晋管理人员不断鼓励，就可以孕育出如此巨大的力量。松下幸之助先生一生坚持发表他个人的独创思想，即便是高学历或者专门研究"经营管理"的人，能像他一样做到成功经营的也不多。经营需要有独特的灵感、对人情微妙的洞察和通过辛勤工作获得的智慧。

在规划幸福科学大学时，我们想把其中一个学科命名为"经营成功学系"，但是大学审议会的意见是"如果含有'成功'二字，恐怕会有欺诈的嫌疑……"日本的大学从政府领取补助金，事实上全都处于亏本经营的状态。为什么现在日本有多达七成的企业属于赤字运营？这值得反思。我认为不以"成功"为目标的"经营系"才是欺诈，才是国家赤字的元凶。作

后　记

为学术的经营学就如同处理死尸，只是不教如何让死人起死回生的方法。秉承"认真地决一胜负"的理念，只有在严酷的经营中的幸存者才有资格传授此中法门。

我创业三十年来，披荆斩棘一路走来，虽不能算经验十分丰富，但至少经营者遭遇的危机我都亲身体验过。我开始尝试如何将"经营成功学"变成一门学问，希望能成为年轻人成功的助力。

大川隆法